THOUTMOSIS

Cet ouvrage est le premier tome de la trilogie romanesque de Violaine Vanoyeke consacrée au pharaon Thoutmosis III.

Éditions Michel Lafon, 2000
7-13, bd Paul-Émile Victor - 92521 Neuilly-sur-Seine Cedex

VIOLAINE VANOYEKE

THOUTMOSIS

*

Le rival d'Hatchepsout

ROMAN

DU MÊME AUTEUR

L'Art aux yeux pers, Le Cherche-Midi, 1980, *poésie*. Prix Jean Christophe.

Torrent, R.E.M., Lyon, 1983, *poésie*. Album avec interprétation au piano de Violaine Vanoyeke.

L'Harmonie et les arts en poésie, Monaco, 1985, *anthologie*.

Le Mythe en poésie, Monaco, 1986, anthologie.

Cœur Chromatique, R.E.M., Lyon, 1986, *poésie*. Album avec accompagnement musical interprété au piano par Violaine Vanoyeke. Interprétations des textes avec Dominique Paturel.

Clair de Symphonie, J. Picollec, 1987, *roman*.

Messaline, Robert Laffont, 1988, *roman*. Traduit en espagnol, portugais, grec, coréen, bulgare, polonais...

Le Druide, Sand, 1989, *roman*.

Au bord du Douro, Lizier, Luxembourg, 1989, *poésie*.

Les Louves du Capitole, Robert Laffont, 1990, *roman*. Prix littéraire de l'été 1990. Traduit en espagnol, portugais.

La Prostitution en Grèce et à Rome, Belles Lettres, 1990, *histoire*. Traduit en espagnol, en grec, en japonais, en tchèque...

Le Crottin du diable, Denoël, 1991, *roman*. Prix de l'Association de l'assurance et des banques, 1992.

Les Bonaparte, Critérion, 1991, *histoire*.

La Naissance des jeux Olympiques et le sport dans l'Antiquité, Belles Lettres, 1992, *histoire*.

Les Grandes Heures de la Grèce antique, Perrin, 1992, *histoire*. Repris au Grand Livre du Mois.

Les Sévères, Critérion, 1993, *histoire*.

Les Schuller, Presses de la Cité, 1994-1995, *romans* :
* *Les Schuller*, Presses de la Cité, 1994.
** *Le Serment des Quatre Rivières*, Presses de la Cité, 1995.

Hannibal, France-Empire, 1995, *histoire/biographie*.

Paul Éluard, le poète de la liberté, Julliard, 1995, *histoire/biographie*.

Le Secret du pharaon (série), L'Archipel, *romans* :
* *Le Secret du pharaon*, L'Archipel, 1996. Traduit en espagnol, portugais, catalan, tchèque... Repris au Grand Livre

DU MÊME AUTEUR (suite)

du Mois (1996), par Succès du Livre (1997), Presses Pocket (1997), Le Chardon bleu (1997).
** *Une mystérieuse Égyptienne*, l'Archipel, 1997. Traduit en espagnol, tchèque, portugais... Repris par Succès du Livre (1999), Presses Pocket (1999), Le Chardon bleu (1999).
*** *Le Trésor de la reine-cobra*, L'Archipel, 1999. Traduit en espagnol, turc... Repris par Succès du Livre, Presses Pocket (1999).

Quand les athlètes étaient des dieux, Les jeux Olympiques de l'Antiquité, Fleurus, Collection « Encyclopédie Fleurus », 1996, *ouvrage pour la jeunesse.*
Périclès, Tallandier, 1997, *histoire/biographie.* Traduit en portugais, espagnol... Repris au Grand Livre du Mois (1997).

Les Histoires d'amour des pharaons (série), Michel Lafon :
* *Les Histoires d'amour des pharaons : Néfertiti et Akhenaton ; Ramsès II et Néfertari ; Tyi et Ramsès III ; César et Cléopâtre ; Antoine et Cléopâtre*, Michel Lafon, 1997. Traduit en italien, espagnol, turc, portugais... Repris au Grand Livre du Mois (1997), par Succès du Livre (1999), au Livre de Poche (1999).
** *Les Histoires d'amour des pharaons II : Ahmosis et Ahmès-Néfertari ; Tiâa et Aménophis II ; Tout-Ankh-Amon et Ankhsepaton ; Séthi II et Taousert*, Michel Lafon, 1999. Traduit en espagnol, portugais... Repris au Livre de Poche (2000).

La Passionnée, Michel Lafon, 1997, *roman.* Traduit en espagnol...
De la prostitution en Alsace (collectif), Le Verger, 1997, *histoire.*

La Pharaonne Hatchepsout (trilogie), Michel Lafon, romans :
* *La Princesse de Thèbes*, Michel Lafon, 1998. Nouvelle édition, 1999.
** *Le Pschent royal*, Michel Lafon, 1998. Nouvelle édition, 1999.

DU MÊME AUTEUR (suite)

*** *Le Voyage d'éternité*, Michel Lafon, 1999. Traduit en espagnol, italien, portugais... Repris au Livre de Poche (2000).

Les Dynasties pharaoniques (série), Tallandier, *histoire :*
* *Les Ptolémées, derniers pharaons d'Égypte*, Tallandier, 1998.

Discographie

Bach, Beethoven, Debussy, Chopin, R.E.M., Lyon, Violaine Vanoyeke, piano.
Chopin, Debussy, Schumann, R.E.M., Lyon, Violaine Vanoyeke, piano.

Violaine Vanoyeke est l'auteur de nombreuses préfaces et d'articles parus dans *Historia, Chroniques de l'Histoire, Le Spectacle du monde, Le Quotidien de Paris, L'Histoire, Sciences et Vie...*

τῷ Φιλίππῳ

*« Thoutmosis est le meilleur
des combattants.
Taureau puissant, il écrase
les étrangers du Retenou.
Il s'empare de leurs chefs,
de leurs chars et de leurs chevaux. »*

(Texte figurant sur les piliers
des temples relatant les exploits
de Thoutmosis III.)

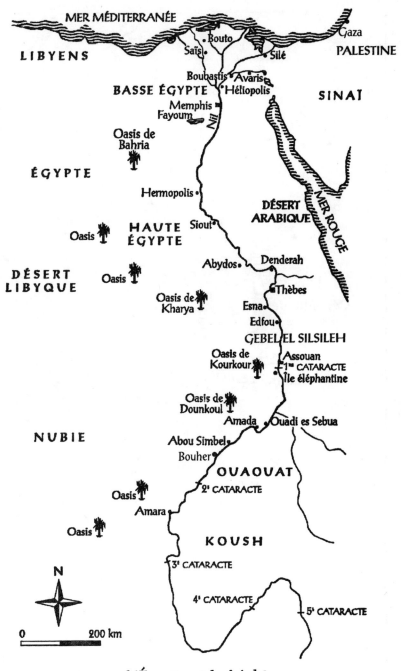

L'Égypte et la Nubie

La Grèce antique

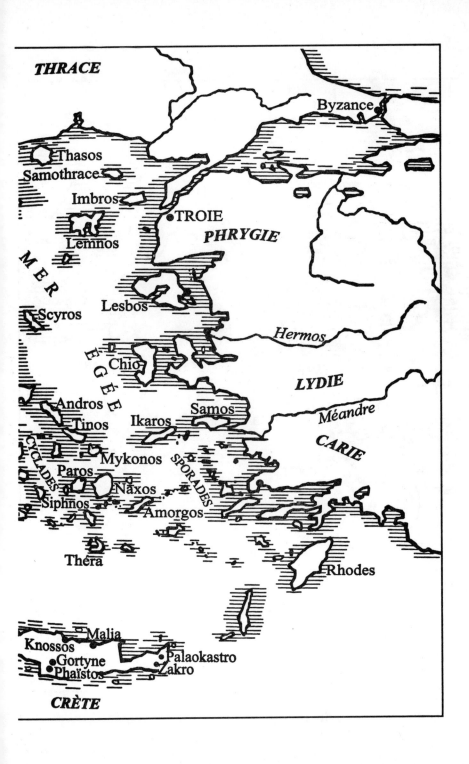

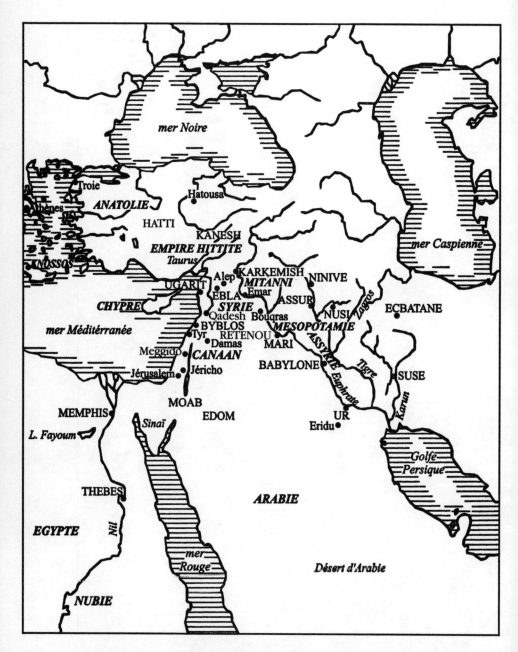

Anciens pays du Proche-Orient (XVe s. av. J.-C.)

Avant-propos

La XVIIIe dynastie commence avec le pharaon Ahmosis. Ce roi s'illustra en repoussant des envahisseurs venus du Nord appelés « Hyksos » et qui régnèrent en Égypte. Les Indo-Européens s'installaient alors en Asie Mineure.

Aménophis Ier, fils d'Ahmosis et d'Ahmès-Néfertari, et son gendre Thoutmosis Ier surent protéger le territoire de leur ancêtre.

Thoutmosis Ier fut un général exceptionnel. Il eut avec sa première épouse un fils qui fut appelé Thoutmosis II. Marié à sa demi-sœur Hatchepsout, seule héritière de sang royal, Thoutmosis II n'exerça le pouvoir que peu de temps. Il eut une fille avec Hatchepsout : Néférou-Rê. Celle-ci semble morte très jeune bien qu'une inscription fasse peut-être allusion à elle à une époque où Thoutmosis III régnait seul et où Hatchepsout avait disparu. Sans doute Thoutmosis II et Hatchepsout eurent-ils une seconde fille appelée Méryrêt-Hatchepsout II.

Cette dernière se maria avec Thoutmosis, troisième du nom, fils de Thoutmosis II et d'une fille du harem, Iset.

Thoutmosis

Thoutmosis III devint pharaon à la mort de son père Thoutmosis II. Hatchepsout, qui devait assurer la régence, s'imposa comme Pharaon à part entière dans la septième année du règne. Elle régna pendant vingt-deux ans, laissant son neveu Thoutmosis III à l'écart. S'entourant de fonctionnaires et de prêtres dévoués à sa personne, organisant des expéditions dans les pays les plus lointains, combattant elle-même les Nubiens, restaurant les temples en ruines, elle sut s'affirmer dans une Égypte prospère[1].

Mais les peuples d'Asie devenaient menaçants. Formé à la guerre, courageux comme son grand-père Thoutmosis Ier, Thoutmosis III allait devenir le sauveur de l'Égypte, le plus grand pharaon de tous les temps, celui qui passerait l'Euphrate pour imposer de nouveau la puissance de l'Égypte en Asie.

Son épopée demeure exceptionnelle. Après avoir vécu dans l'ombre d'Hatchepsout, la pharaonne fille d'Amon, Thoutmosis III devait briller au firmament de l'Histoire.

Violaine VANOYEKE
Winter Palace, Louxor

---

1. Voir *La Pharaonne*, Violaine Vanoyeke, éditions Michel Lafon, 1999.

Première partie

I

Le chef de chantier Djéhouty arriva au palais de Thèbes, la mine défaite. Il n'attendit pas que son char fût à l'arrêt pour sauter à bas du véhicule. Il avait passé sa matinée à interroger des paysans et des ouvriers dans la ville de Thèbes et dans la cité des morts, construite de l'autre côté du Nil. Le moindre village avait reçu sa visite.

Jamais il ne se présentait devant le roi le pagne chiffonné et le torse recouvert de sueur et de poussière, plus luisant que celui d'un athlète en plein entraînement, mais l'incident lui semblait suffisamment important pour outrepasser les règles de bienséance.

– Place ! Laissez-moi donc passer ! dit-il à quelques boulangers venus apporter leurs pâtisseries et leurs pains aux cuisines. Que faites-vous donc dans le vestibule du palais ? Vous devez traverser le petit jardin et accéder à l'office par-derrière !

Djéhouty faillit renverser un tout jeune garçon au corps aussi fin que les pains longs qu'il avait rassemblés dans son panier.

– Par Horus ! Quel malhabile apprenti ! Tu ne serviras pas longtemps ton maître !

Thoutmosis

Son père lui fit signe de se placer sur le côté pour laisser passer le chef de chantier que tout le monde connaissait au palais. Djéhouty avait, en effet, servi la reine-pharaon Hatchepsout et surveillé les travaux de son temple de millions d'années à partir des plans de l'architecte et Grand Intendant d'Amon, Senmout.

– Que ce garçon est lent ! souffla Djéhouty en se faufilant dans le corridor jusqu'aux appartements du roi.

Dès qu'il arriva devant les portes, Djéhouty interrogea les gardes.

– Que fait le divin roi ? demanda-t-il à l'un d'entre eux. Pharaon a-t-il donné audience aux ambassadeurs ? S'entretient-il avec la Grande Épouse royale ? Peut-être se divertit-il ? À moins qu'il ne dicte son courrier ?

Le garde assoupi sur sa lance, le regarda, les paupières gonflées et les yeux vides. Il bâilla longuement sans tenir compte de l'empressement de Djéhouty qui s'impatienta.

– Vas-tu me répondre ?

– Je ne suis pas à la place de Pharaon, dit-il au chef de chantier. Le roi ne me rend pas de comptes.

Djéhouty soupira profondément et leva les yeux au ciel.

– Tu peux me donner un indice. As-tu vu des ambassadeurs entrer ce matin dans la salle de réception ?

– Non, je ne crois pas.

– Bien ! La Grande Épouse royale Méryrêt-Hatchepsout II est-elle sortie dans le jardin avec ses chiens ?

Le rival d'Hatchepsout

– Sans doute...

– Entre dans ce bureau et dis-moi si le roi peut me recevoir !

Le garde bâilla de nouveau et posa sa lance contre le mur sans épargner les magnifiques fresques qui ornaient les parois dans une symphonie de couleurs aquatiques et printanières.

– Notre divin roi t'attend, dit-il finalement en réapparaissant quelques instants plus tard.

– Annonce-moi !

Djéhouty se précipita aux pieds de Pharaon et le salua en citant tous ses titres.

– Tu me parais très excité, Djéhouty, lui dit Thoutmosis III en tendant ses bras au domestique qui lui rafraîchissait les jambes et les mains avec de l'eau citronnée.

Le pharaon jeune et charmeur, le port altier et le torse digne des plus beaux modèles, contemplait ses bagues multiples. Il demanda son miroir en bronze et appela le maquilleur et le coiffeur.

– Je t'écoute, Djéhouty ! Pourquoi ne parles-tu pas ?

– La divine Hatchepsout aimée d'Amon, ta tante, a disparu ! La reine ne se trouve plus au palais ! dit le chef de chantier.

Comme le pharaon restait impassible, la tête fixe sous sa double couronne, les bras maintenant posés sur les accoudoirs de son trône, Djéhouty ajouta, le corps courbé et le nez collé au sol :

– C'était donc l'instant voulu par les dieux ? Amon a rappelé à lui sa fille chérie ?

Thoutmosis III ricana.

– Pharaon fait l'histoire. Je suis Pharaon. Ma

Thoutmosis

tante Hatchepsout ne s'est-elle pas emparée du pouvoir alors qu'elle aurait dû m'assister comme simple régente après le décès de mon père Thoutmosis II ? Elle avait accepté cette place de régente ! En tant que demi-sœur et épouse de mon père, celle-ci lui revenait. Mais elle a préféré usurper le trône dans la septième année de mon règne, profitant de mon jeune âge !

Comme il décelait quelques regrets dans le ton larmoyant de Djéhouty, Thoutmosis III lui demanda sévèrement s'il soutenait le véritable pharaon ou une femme peu digne de régner.

– Je soutiens Pharaon, s'empressa de répondre Djéhouty en suppliant le maître de l'Égypte de le croire.

– Tu redoutes peut-être de finir comme Senmout, cet opportuniste qui a secondé Hatchepsout pendant des années ! Tous ceux qui l'ont aidée seront punis ! N'as-tu pas fait toi-même construire son temple de millions d'années dans la Vallée des Morts à partir des plans établis par Senmout ?

– Fais de moi ce que tu veux, Seigneur tout-puissant. Je reconnais ton pouvoir et celui de ta femme, la Grande Épouse royale Méryrêt-Hatchepsout que tu viens d'épouser.

Djéhouty n'osait demander des explications sur la disparition de la reine Hatchepsout. Il avait vu mourir tant de conseillers autour d'elle depuis que Thoutmosis III était rentré victorieux du champ de bataille, bien décidé à régner seul.

– Ainsi donc Hatchepsout a disparu…, reprit Thoutmosis III en levant à peine la main pour faire signe au scribe présent de noter ses ordres. Qu'on mène une enquête ! Ma tante est peut-être partie faire du cheval. Elle aime galoper seule. N'est-ce pas un peu tôt pour s'inquiéter ? J'ai l'impression de l'avoir vue hier en pleine santé !

– Les nuits se sont succédé et elle n'est pas réapparue, dit Djéhouty du bout des lèvres.

– Sait-on seulement si elle a quitté le palais ? Pourquoi l'aurait-elle fait ?

– Les gardes sont formels. Son cocher, lui aussi, a disparu.

« S'il ne savait où se trouvait Hatchepsout, Thoutmosis III aurait donné des instructions pour la faire rechercher », se dit Djéhouty. Mais il jugea maladroit d'insister.

– Tu as bien fait de me prévenir, valeureux Djéhouty. Je suis généreux avec ceux qui servent Pharaon, tu le sais...

Le chef de chantier se redressa et le remercia avant de se retirer le plus discrètement possible.

– Arrête d'écrire, dit Thoutmosis III à son scribe en se levant.

– Je vais lire ce rouleau au chef de la police...

– Ce sera inutile. Nous nous inquiétons sans objet. Les dieux n'ont-ils pas toujours protégé la reine Hatchepsout ? Amon laisserait-il sa fille en difficulté ? Même si elle mourait, Osiris l'accueillerait dans le royaume des morts en la faisant tout juste passer devant le tribunal pour juger son âme. Le *ka* d'Hatchepsout mérite de vivre un Au-Delà idéal. Le soleil s'est levé depuis longtemps et tu ne m'as toujours pas lu les dépêches. Qu'y a-t-il d'important ce matin ?

25

Thoutmosis

Mais Thoutmosis III fut interrompu par l'entrée inopinée de son épouse. Depuis que son mari s'affirmait sur le trône d'Égypte, elle rayonnait d'un éclat inattendu. Elle, d'habitude si austère, presque désagréable avec les servantes et les courtisans, affichait une joie sans mélange. Son visage s'épanouissait chaque jour. Elle en devenait presque belle.

Méryrêt avait autrefois appris avec beaucoup de passivité la mort de sa sœur Néférou-Rê, la favorite de sa mère Hatchepsout, celle que la reine destinait au trône d'Egypte. La disparition d'Hatchepsout ne la troublait guère.

Thoutmosis III s'était vite senti proche de Méryrêt peut-être parce qu'à son instar, elle avait dû subir les humiliations d'Hatchepsout qui la délaissait. Ils avaient tous deux une revanche à prendre sur leur passé. Ils savaient comment agir pour régner en maîtres absolus.

– Un ambassadeur nubien vient d'arriver, lui dit Méryrêt. Je ne voulais pas le laisser interrompre ton entretien. Puis-je lui dire d'entrer ?

– Non. Je n'ai pas le temps de le recevoir. Qu'il se joigne ce soir aux invités. Je recevrai ses cadeaux.

– Comment sais-tu qu'il t'apporte un message de paix ?

– Parce que je connais les Nubiens. Je reviens victorieux d'une importante campagne menée dans le nord de l'Égypte. Nos rivaux vont devenir pendant quelques mois nos plus fidèles alliés.

– La jeunesse de Pharaon n'empêche pas sa sagesse.

– J'ai beaucoup appris à l'école d'Hatchepsout,

Le rival d'Hatchepsout

répondit Thoutmosis III. Tu ne me demandes pas ce matin des nouvelles de ta mère ?

— Pourquoi t'en demanderais-je aujourd'hui alors que je me désintéresse de son sort comme elle a su si bien se désintéresser du mien ? Lui serait-il arrivé quelque chose ? Ma mère n'est plus très jeune. Nombreuses sont les femmes de son âge qui rejoignent Osiris.

— D'autres vivent plus âgées. Ton aïeule Ahmès-Néfertari n'a-t-elle pas survécu très longtemps à son époux Ahmosis ?

— Ahmès-Néfertari était adorée.

— Hatchepsout aussi.

— Bien sûr... répondit Méryrêt. Comptes-tu recevoir les chefs d'armée ?

— Sans tarder. Je veux entendre leur rapport au plus tôt. L'Égypte va devoir défendre son territoire contre les menaces extérieures qui ne manquent pas. Hatchepsout a eu la chance de connaître la paix pendant plusieurs années. Notre pays a maintenant besoin d'une main de fer pour le protéger !

— Et d'un pharaon tel que toi ! Qu'aurait pu faire une femme dans l'armée ?

— Oublies-tu qu'Hatchepsout a combattu les Nubiens ?

— Non. Mais elle a eu la chance de régner sur un pays en paix pendant plusieurs années. Je me demande comment tu peux supporter de voir son cartouche à côté du tien et ton image face à la sienne. Tu me sembles plus digne de régner qu'elle.

Thoutmosis III parut réfléchir.

Thoutmosis

– Être représenté à côté d'une femme..., ajouta Méryrêt, n'est-ce pas dégradant pour un pharaon qui a déjà obtenu les honneurs du triomphe ?

– Même si cette femme était ta mère ? Même si elle fut pharaon de sang royal ?

– « Était » ? remarqua Méryrêt un sourire cynique aux coins des lèvres. Pourquoi parler au passé ?

Thoutmosis se leva.

– Je vais recevoir les chefs militaires.

– Viendras-tu me rejoindre à l'issue de cette réunion ?

– Peut-être... répondit Thoutmosis, soucieux. Tout dépend de sa durée et de nos conclusions.

– Préfères-tu te rendre au harem ?

– Je m'y rendrai quoi qu'il en soit.

Naturellement jalouse, Méryrêt n'avait jamais accepté de partager des sentiments ou des biens avec autrui. Voir son époux gagner si souvent les appartements des princesses prisonnières de ses campagnes la tourmentait. Chacune rivalisait pour le séduire. Jeunes, aguichantes, heureuses de se retrouver en Égypte au milieu du faste, appréciant les promenades et les jeux avec Pharaon qu'elles jugeaient, à juste titre, attirant et beau, elles passaient un temps infini à leur toilette.

Le harem de Thoutmosis II, déjà très important, s'était agrandi. Thoutmosis y avait introduit des adolescentes vives et enjouées qui aimaient chanter et jouer de la musique. Leurs plaisanteries égayaient Pharaon lorsqu'il était préoccupé. Elles apportaient à l'ancien harem, un peu triste, une

Le rival d'Hatchepsout

note de gaieté spontanée à laquelle Thoutmosis n'était pas insensible.

Les femmes plus âgées continuaient à mener joyeuse vie même si Pharaon ne les fréquentait guère, préférant la jeunesse et l'insouciance. Quant à ses enfants – il en avait déjà quelques-uns – il s'en désintéressait et se contentait de donner des ordres pour qu'ils fussent correctement élevés.

Thoutmosis III ne remarqua pas le regard sombre de son épouse. Il se dirigea vers la salle de réception d'un pas agile, suivi par ses gardes.

– Assieds-toi et note, dit-il au scribe royal.

L'homme s'exécuta en observant les chefs militaires qui entraient. Ils dirigeaient différents escadrons aux frontières de l'Égypte. Le torse nu et doré, les épaules larges, le pagne blanc et la ceinture épaisse, ils saluèrent Pharaon et attendirent ses premières paroles.

Thoutmosis prit place sur le trône et les regarda l'un après l'autre.

– Bien ! Je constate que vous êtes tous là ! Vous parlerez tous ! Je veux un rapport complet. Mon scribe notera tout en détail.

On apporta des tables sur lesquelles plusieurs cartes dessinées sur des rouleaux de papyrus furent étalées. Un serviteur tendit au pharaon une longue tige de roseau.

– Bien ! Commençons par le Nord, dit Thoutmosis en la pointant vers Memphis.

Suivirent de longs monologues pendant lesquels le roi se montra très attentif. Il écoutait avec beaucoup d'intérêt, interrompait parfois son inter-

Thoutmosis

locuteur et réfléchissait en silence puis il ordonnait de reprendre la séance. Ses yeux, à l'affût, ne paraissaient rien perdre des récits qu'on lui faisait. Ses traits exprimaient la satisfaction, la colère ou l'agacement. Mais il se maîtrisait aussitôt et joignait les mains devant lui comme s'il était en prière afin de mieux se concentrer.

L'observant du coin de l'œil, le scribe savait par expérience ce qu'il devait noter en gros caractères ou écrire rapidement sur le papyrus. Pharaon ne lui aurait pas pardonné un calame mal taillé ou un pain d'encre inutilisable. Il avait toujours à sa disposition un matériel impeccable digne de sa fonction.

Thoutmosis III faisait preuve d'une grande maturité et d'une sagesse étonnante pour son âge. Il soulevait ainsi l'admiration et le respect.

– Je veux que tout soit clair, dit-il enfin. La moindre tentative de soulèvement, la plus petite révolte seront aussitôt réprimées par notre armée. Aucun ennemi n'aura la possibilité d'approcher de nos frontières. Je connais les soldats qui ont combattu avec moi. Certains m'ont sauvé la vie. J'ai récompensé leur valeur. Je sais qu'ils seront capables de maintenir l'ennemi loin de l'Égypte et de couper court à toute velléité. Je veux un rapport objectif sur tous ceux qui commandent une escadre. Les uns sont âgés. Je préfère les garder comme conseillers au palais. Je les remplacerai par de jeunes officiers qui se sont déjà battus contre l'ennemi. D'autres ont manqué de sang-froid. Je leur supprimerai leur poste de commandement mais je souhaite qu'ils partent en campagne car ce sont, malgré tout, de brillants soldats.

Le rival d'Hatchepsout

Les chefs militaires se redressèrent et parurent soudain mal à l'aise.

– Pharaon tout-puissant, tu ne nous ferais pas l'affront de nous rétrograder devant nos hommes ! s'exclama l'un d'eux, le rouge aux joues.

Thoutmosis III s'amusa de sa colère contenue.

– Que crains-tu ? Je suis juste. J'ai toujours aidé et récompensé les braves. Mettrais-tu en doute mon équité ?

L'homme s'inclina.

– Bien ! conclut le Pharaon. Quelqu'un d'autre souhaite-t-il s'exprimer ? Je préfère qu'il parle devant moi plutôt que derrière mon dos !

– Quand serons-nous informés de tes décisions ? demanda un officier qui avait combattu autrefois avec Pennethbet, le général d'Hatchepsout et de son père Thoutmosis Ier.

– Très vite, par Horus. Mais je peux déjà me prononcer en ce qui te concerne. Tout le monde connaît ta valeur et ton courage. Tu as été blessé plusieurs fois à la guerre. Pennethbet m'a appris à chasser et à tirer à l'arc. Ce fut un excellent maître que je n'oublierai jamais. Il faisait sans cesse tes éloges et te demandait de me montrer comment je devais procéder pour devenir le meilleur de tous. Crois-moi : je souffrirais de te voir périr au combat alors que j'ai besoin de toi. Que tu restes au palais ou que tu m'accompagnes en campagne, tes conseils me seront précieux. Mais je ne veux plus te voir combattre en première ligne. Les dieux t'ont épargné jusqu'à ce jour. Tu as bien été blessé mais sans gravité. L'Égypte doit bénéficier de ta grande

Thoutmosis

expérience. En temps de paix, tu entraîneras les meilleures recrues à Thèbes comme Pennethbet le faisait. Il n'y a rien là de dégradant...

Le visage du vieil officier s'épanouit à peine. Il n'aimait guère Thoutmosis III. Il le soupçonnait d'avoir ordonné l'assasinat de Pennethbet dont la mort demeurait un mystère.

– Les hommes se dévouent parfois mais ils en meurent aussi, dit-il au pharaon en le regardant droit dans les yeux. Ils ne reçoivent pas un trait ou une flèche sur un champ de bataille mais ils sont frappés d'un poignard dans le dos. Un soldat préfère mourir dignement plutôt que d'être tué par un traître.

– Tu dessines là un avenir bien sombre. Aurais-tu des ennemis au palais et redouterais-tu une vengeance ?

L'officier ne daigna pas répondre. Au bout d'un long moment de silence qui ne sembla pas démobiliser le roi, il conclut qu'il exécuterait les ordres de Pharaon.

– Tu ne le regretteras pas. Tu t'attacheras sans doute aux jeunes recrues que tu entraîneras et que tu verras revenir victorieuses des combats. Il est toujours gratifiant pour un aîné d'admirer le travail accompli et de voir ses efforts porter ses fruits.

Le pharaon fit signe au scribe de rouler ses papyrus et de sécher l'encre.

– Tu viendras me relire tout cela dans mon bureau cet après-midi, lui dit-il. Un autre scribe viendra te chercher. Maintenant, tu peux te retirer. Restez tous à Thèbes !

Le rival d'Hatchepsout

Puis il se dirigea vers la porte et appela le major-dome.

– Fais venir le cocher d'Hatchepsout dans mes appartements privés, lui murmura-t-il. Je tiens à l'interroger moi-même. Tâche de le retrouver !

Thoutmosis III suivit un long corridor un peu froid aux murs fleuris. Il déboucha sur un jardin entouré de colonnes lotiformes. Derrière lui, deux gardes hâtaient le pas pour être à sa hauteur. Pharaon ne tourna même pas la tête vers les oiseaux qui s'envolèrent en entendant ses sandales d'or fouler le sol. Ils se posèrent autour d'une vasque remplie d'eau, formant un ensemble charmant et printanier. Mais Pharaon marchait d'un pas ferme et régulier comme un fantassin dans un cortège militaire. Regardant droit devant lui, il paraissait en proie à de sombres pensées.

Les gardes placés en faction se précipitèrent pour ouvrir les portes sur son passage. Jamais Pharaon ne s'arrêtait ni ne ralentissait son allure. Il sortit dans le jardin et se promena dans les allées avant de revenir au palais. En le voyant arriver, les gardes décroisèrent leurs lances devant les portes en bois surmontées de fresques d'oiseaux voletant au-dessus des marais du delta du Nil.

Soudain, Thoutmosis s'arrêta net. Il revint sur ses pas et tourna la tête vers le mur assombri par une colonne alors que le reste du couloir était faiblement éclairé par de hautes et petites fenêtres carrées. Il n'avait rien perdu de sa raideur.

– Hatchepsout, murmura-t-il. Elle est représentée

Thoutmosis

dans toutes les pièces de ce palais, jusque dans le pavillon du jardin ! Qu'il s'agisse de son image, de son cartouche, de ses titres, tout rappelle ici ma tante et son règne ! Dans le jardin, ses chiens, ses chats et ses singes sont encore traités comme des rois !

Les suggestions de son épouse lui revinrent alors en mémoire. « Faire marteler tous ces souvenirs... Supprimer les actes d'une femme qui n'était pas digne de régner... Ne dit-on pas que graver un texte ou une représentation les fait vivre pour l'éternité ? »

Il contempla sur le mur la beauté fière d'Hatchepsout portant le pschent royal face à son père divin, le dieu Amon. « Comment osait-elle se dire fille d'Amon alors que son père était Thoutmosis Ier ? Pourquoi mon père Thoutmosis II lui a laissé tant de pouvoir avant de mourir ? Elle n'aurait jamais eu l'idée d'usurper ma place s'il lui avait montré qui était le maître ! »

– Elle aurait pu me faire tuer, murmura Thoutmosis III. Elle savait qu'en me laissant grandir et en m'initiant à la guerre, je prendrais un jour sa place. Je n'aurais pourtant pas hésité à en faire ma Grande Épouse royale jusqu'à la fin de sa vie...

Thoutmosis avait admiré les prouesses et le courage de sa tante. Adolescent, il avait éprouvé pour elle un étrange sentiment mêlé de jalousie, de haine et de respect.

Sur le mur, Hatchepsout assise, les pieds repliés sous elle, acceptait le pouvoir de Pakhet, la déesse à tête de lionne qui tendait un bras vers elle tandis qu'Amon posait sa main sur son épaule.

Le rival d'Hatchepsout

– Les dieux n'ont jamais entériné les décisions d'Hatchepsout. C'est elle qui a ordonné ces représentations pour le laisser croire. Elle était habile et fourbe. Si nous détruisions aujourd'hui ces images comment le peuple réagirait-il ? N'est-ce pas trop tôt ? Je dois soigner ma popularité et ne pas prendre de risques inutiles. La patience est parfois la meilleure des mères. Meryrêt est impulsive. Elle éprouve beaucoup de rancœur envers Hatchepsout. Mieux vaut suivre mes plans plutôt que de me laisser influencer par une femme avide de vengeance.

Il regarda de nouveau les joues arrondies, les yeux en amande et la bouche pulpeuse d'Hatchepsout.

– Et pourtant, je crois bien que je l'aimais, soupira le roi.

II

Le cocher d'Hatchepsout habitait non loin du palais dans une maison simple aux murs blancs. La reine Hatchepsout lui avait fait de si grands dons parce qu'il avait combattu à côté d'elle, lançant son char au galop alors qu'elle tirait de l'arc, qu'il avait pu acheter un petit jardin et quelques bêtes. Celles-ci se reposaient à l'ombre d'un palmier quand elles ne rentraient pas à l'intérieur de la salle principale où discutait toujours un grand nombre d'amis.

Mais ce jour-là, un silence pesant et oppressant planait sur la demeure vide et triste. Le soleil brûlant et la lumière étonnamment forte n'embellissaient pas les champs voisins ni les rangées d'arbres regorgeant pourtant de couleurs vives et chaudes. Les adolescents, habituellement occupés à tirer de l'eau ou à transporter des seaux, semblaient tous faire la sieste. Peut-être le soleil indisposait-il les esprits. Peut-être les cultivateurs avaient-ils cessé toute activité en attendant le débordement du Nil. Inquiets, ils priaient les dieux pour que l'inondation fût encore plus importante que l'année précédente. Le gras dieu du Nil favorisait pourtant les récoltes et comblait les Égyptiens.

Thoutmosis

Mais, chaque année, il leur fallait emmagasiner du blé et de l'orge en grande quantité pour être sûrs de nourrir leur famille.

Avant le débordement du fleuve, l'Égypte paraissait en attente, comme endormie. La nature et les hommes souffraient de la sécheresse. Les jours, longs et chauds, n'en finissaient plus. Les bêtes dormaient, le corps alangui, respirant fortement, cherchant la fraîcheur dans la boue rare, près des chadoufs. Seule l'obscurité redonnait à chacun un peu de vitalité et d'énergie.

Pathmès habitait sur le chemin qui longeait le Nil, non loin de Thèbes. Chaque matin, de sa porte entrouverte, il distinguait dans la brume légère les monts de la Vallée des Rois où était enterré Thoutmosis Ier, le père d'Hatchepsout. Le temple de millions d'années de la reine-pharaon s'étalait à la limite de ces collines abruptes et désertiques.

Pathmès ne parvenait plus à chasser l'image de ce bâtiment gigantesque où Hatchepsout lui avait fait de maigres confidences avant de ressentir une grande lassitude. Il revoyait sans cesse la scène devant ses yeux. Le matin, Hatchepsout lui avait demandé de l'accompagner à la chasse. Elle avait pris plaisir à lancer son cheval au galop et à parcourir le désert. Elle savait bander son arc et tirer juste. Fourbue mais heureuse, elle était rentrée au palais, les joues revigorées. Pathmès ne l'avait pas vue dans de telles dispositions d'esprit depuis longtemps. Elle avait tant pleuré la disparition dramatique de ses amis ! La reine s'était alors fait

Le rival d'Hatchepsout

revêtir de ses plus beaux atours. Son maquillage avait réclamé les mains d'une véritable artiste. Une fois la préparation terminée, Hatchepsout ressemblait à une déesse. Elle avait dit à Pathmès :

– Conduis-moi à mon temple de millions d'années, là où je me sens enfin à l'aise, où je ne suis plus épiée, où Amon me parle et me réconforte.

Pathmès avait tenté de l'en dissuader. Était-ce bien raisonnable de traverser le fleuve alors que Rê se cachait déjà derrière les monts rougeoyants ? Mais la reine n'avait pas écouté les conseils du cocher. Elle avait réclamé sa barque royale et s'était laissé glisser sur le Nil en chantant doucement un hymne en l'honneur d'Amon. À quoi songeait-elle à cet instant ? Pathmès la regardait sans oser lui parler. Elle avait les yeux hagards et souriait tendrement. Pathmès lui avait renouvelé ses conseils de prudence. Il n'était pas raisonnable de s'éloigner si tard du palais sans garde. Mais elle avait promis de le protéger. Que craignait-il puisqu'elle allait visiter son père divin, le dieu Amon en personne ? Ils avaient tous deux emprunté un char pour gagner le temple où la reine avait prié les prêtres de la laisser seule.

Pathmès s'était assis à côté d'elle près du sanctuaire d'Amon. Il lui avait servi de confident. Il avait vu son visage se tranformer, rire en évoquant des souvenirs heureux, pleurer en parlant de la disparition de son cher Senmout, son assistant et son amant.

« Comment une telle transformation a-t-elle pu s'opérer en elle en si peu de temps ? se demandait-

Thoutmosis

il encore. Comment une femme si forte, qui galopait le matin même avec une joie extrême, pouvait-elle se sentir soudain si lasse de vivre ? »

Ils entendaient au loin les chants des prêtres. L'arbre à encens qu'Hatchepsout avait fait planter en l'honneur d'Amon retrouvait ses parfums à la tombée de la nuit. Ses bijoux et son maquillage doré scintillaient à la lueur de la torche qui avait fini par s'éteindre sans qu'aucun d'eux ne bougeât. Ils restaient l'un près de l'autre. Pathmès avait osé prendre la main de sa reine pour l'encourager et la rassurer sur son avenir. Mais rien ne paraissait redonner joie et paix à Hatchepsout.

Pathmès ferma les yeux comme s'il souhaitait effacer à jamais ce souvenir douloureux. Il les rouvrit en entendant quelques cris qui le surprirent. Il réprimanda alors un jeune garçon qui attrapait et soulevait un chiot par les pattes de derrière. Puis il alla s'asseoir, à l'ombre, sur un banc en bois disposé devant la porte d'entrée. Quelques maisons, entourées d'herbes et de moustiques, étaient, comme la sienne, alignées le long d'un filet d'eau échappé du Nil. Chaque habitant avait aménagé son chadouf à côté de sa demeure pour puiser cette eau trouble qui permettait, cependant, d'irriguer les champs. Des adolescents en pagne venaient de sortir d'une maison et se suspendaient au balancier pour remonter des seaux. Un âne chassait les mouches avec sa queue. De temps à autre, un Thébain juché sur sa mule, un bâton dans la main et les jambes tendues, avançait à belle allure pour rapporter des jarres remplies d'eau ou des bottes de foin. Mais

Le rival d'Hatchepsout

Pathmès ne répondait pas à leurs saluts. Plongé dans ses pensées, il revoyait Hatchepsout la Divine, Celle qu'il adorait et respectait pour son courage et ses ambitions. Sans doute l'avait-il aimée d'un amour impossible. Ne l'avait-il pas vue dans les pires moments lorsqu'elle subissait les revers de la fortune ? N'est-ce pas lui qui l'avait maintes fois emmenée sur son temple en construction pour lui faire oublier les vicissitudes de la vie ?

Quand elle souhaitait se recueillir près de la tombe de sa fille Néférou-Rê, très éloignée du fleuve, elle l'emmenait au milieu des monts désertiques. Quand elle voulait échapper aux manœuvres de son frère et époux Thoutmosis II amoureux d'une fille du harem, Hatchepsout l'appelait. Il prenait alors des couvertures s'il était tard ou des éventails s'il faisait encore chaud. Ils embarquaient ensemble. Hatchepsout rappelait volontiers toutes les péripéties qu'ils avaient connues sur les champs de bataille face aux Nubiens. Des gardes les suivaient de loin sur une autre barque. Puis ils parcouraient le désert pendant toute une journée afin de rejoindre la tombe de Néférou-Rê. Les mules peinaient sous le soleil. Ils continuaient parfois à pied. La reine ne se plaignait jamais. Pathmès lui avait proposé de faire creuser pour sa fille une autre tombe plus proche de Thèbes mais Hatchepsout prétendait toujours qu'elle redoutait les pilleurs de tombes et que Néférou-Rê ne serait jamais dérangée dans sa vie dans l'Au-Delà si elle occupait cette vallée lointaine que même les Thébains ne connaissaient pas.

Thoutmosis

Pathmès avait assisté en première ligne aux exploits d'Hatchepsout. Elle qui tirait comme un homme avec force et précision avait fait reculer l'ennemi alors que son frère restait terré dans un char. Elle n'avait plus alors forme humaine. Elle ressemblait plutôt à ces félins prêts à bondir sur leur adversaire qui ne laissent à leur victime aucune chance de se sauver. Pathmès la revoyait les cheveux défaits et empoussiérés, le visage marqué par la fatigue et la sueur, le corps enserré dans une tenue militaire. Elle était si jeune lorsqu'elle avait combattu pour la première fois !

Un char tourna bruyamment devant sa maison et s'arrêta juste devant lui. Pathmès fronça les sourcils. Il n'appréciait guère d'être dérangé de la sorte. Il s'apprêtait à se lever et à rentrer chez lui quand l'homme le héla. Il se retourna et lui demanda ce qu'il désirait.

– Ne peux-tu revenir plus tard ? Je suis fatigué !

– Cela me paraît impossible ! répondit le messager. Pharaon m'envoie. Il se demande ce que tu es devenu et pourquoi tu ne retournes pas au palais. Je dois te parler maintenant !

Le jeune homme, soigneusement apprêté et parfumé, s'approcha de lui en lui tendant un rouleau de papyrus.

De jeunes enfants firent aussitôt une ronde autour de lui, curieux de savoir ce qui amenait en ces lieux un représentant de Pharaon.

– Allez jouer ailleurs ! leur dit le cocher.

Ils disparurent en faisant fuir les oies et les chats. L'un des félins, la tête fine et les oreilles allongées,

42

Le rival d'Hatchepsout

le corps maigre, sauta sur le banc où était assis Pathmès. Puis il se frotta contre son maître. Il semblait ressentir la tristesse du cocher et venait la partager avec lui.

Pathmès déroula tranquillement le papyrus, sachant ce que le message contenait. Tant de courtisans proches d'Hatchepsout étaient morts ces derniers temps au palais ! Il assistait, impuissant, à cet acharnement sans pouvoir l'arrêter. Il avait refusé de quitter le palais et Hatchepsout alors que la reine l'y avait invité de peur qu'il ne lui arrivât malheur. D'autres confidents étaient partis sur les conseils et l'insistance d'Hatchepsout.

– Tu dois m'accompagner, dit le messager. Pharaon t'attend dans son bureau. Il m'a ordonné de faire vite.

Pathmès le regarda sans répondre.

– Je ne suis pas aux ordres de Pharaon ! dit-il en se dirigeant de nouveau vers sa maison.

Mais le messager se plaça devant lui.

– Je connais ton caractère et redoutais ta réponse. Pense, cependant, à la colère du roi si je revenais sans toi ! Il me punirait aussitôt ! Thoutmosis n'a pas la clémence d'Hatchepsout ! Je te sais juste et bon. Laisserais-tu condamner un pauvre homme ?

– Tu aurais dû être avocat ! Je vais me rafraîchir et mettre un pagne propre.

– Promets-moi de ne pas perdre de temps

– Bois de la bière en m'attendant. Ma servante va t'en apporter...

Il appela une vieille femme peu loquace qui l'approuva et lui promit de servir le messager.

Thoutmosis

Pathmès fut rapidement prêt. Il monta sur le char à côté du héraut.

– Veux-tu que je prenne un cheval ? Tu n'aurais pas à me raccompagner...

– Aucune importance, par Horus. Je veux arriver le plus vite possible au palais...

« Comment vais-je pouvoir regarder Thoutmosis III en face sans haine ni colère ? se dit Pathmès. Que les dieux m'aident à supporter sa superbe et son hypocrisie sinon je finirai aux crocodiles. »

Le messager tenait les rênes d'une main et agitait l'autre pour activer le galop de ses chevaux. Les larges roues de son char soulevaient une épaisse poussière.

– Roule moins vite sinon nous allons verser sur le bas-côté, lui conseilla Pathmès. Si tu es fébrile, je peux conduire...

Mais l'homme pressé refusa. Il accéléra au risque de renverser un chariot sur son passage.

« Pharaon va-t-il me retirer la responsabilité du char royal ou osera-t-il me demander de rester son cocher ? se disait Pathmès. Ce roi est si inattendu ! »

Quand ils arrivèrent aux portes du domaine royal, le messager sauta de son char et expliqua aux gardes qu'il accompagnait le cocher auprès de Pharaon.

L'un des gardes s'avança pour contrôler les objets qui se trouvaient au fond du véhicule.

– Depuis quand dois-je rendre des comptes en arrivant au palais ? demanda le cocher outré. Ne me connais-tu pas ? As-tu oublié que j'étais le serviteur de la divine Hatchepsout ?

Le rival d'Hatchepsout

Le garde continua son inspection et s'empara de l'arc qui était aux pieds de Pathmès.

– Ne t'en offusque pas, Pathmès. Tu es notre ami mais nous avons reçu des ordres stricts qui s'appliquent à tous les visiteurs si connus fussent-ils. Je ne peux y déroger sous peine d'être sévèrement puni. J'espère que tu me le pardonneras. Il t'est interdit de garder cette arme à l'intérieur du palais. Je te la rendrai à ta sortie.

– De quoi Pharaon se méfie-t-il donc ? S'il avait la conscience tranquille, il ne redouterait pas quelque contestation parmi ses courtisans et ses serviteurs !

Le cocher dut également donner ses flèches et son carquois dont il ne se séparait jamais.

– Par Isis, je ne te reproche rien, dit-il au garde. Je ne t'en tiendrai pas rigueur. Fais ton travail !

Le garde parut soulagé et proposa un peu de bière à Pathmès.

– Nous n'avons pas le temps, intervint le héraut. Thoutmosis III notre roi doit nous attendre. Allons-y !

Pathmès suivit le messager sans parler. Ce fonctionnaire zélé, en poste depuis peu auprès du pharaon, l'exaspérait. Peut-être aurait-il préféré mourir plutôt que de désobéir au roi.

Ils traversèrent le vestibule, une cour agrémentée d'un jardin, puis empruntèrent un long couloir. Le bureau du souverain semblait situé au fin fond du palais.

– Je vais t'annoncer, dit le messager en se plaçant précipitamment devant Pathmès qui s'apprêtait à entrer.

Thoutmosis

Il revint quelques instants plus tard :

– Pharaon tout-puissant va te recevoir.

– Que les dieux s'en réjouissent ! s'exclama Pathmès sans enthousiasme.

Pathmès pénétra dans la pièce assombrie par les larges palmes du jardin avec un pincement au cœur. Voir Thoutmosis III installé à la place d'Hatchepsout, là où la reine avait travaillé pendant de longues soirées pour réfléchir sur un dossier, réveilla en lui une profonde nostalgie. Son visage devint pâle. Il avait l'impression que la voix d'Hatchepsout allait s'élever dans la pièce et que les serviteurs se prosterneraient devant elle comme ils l'avaient fait pendant des années. Mais au lieu de la voix un peu sèche de la reine retentit celle, autoritaire bien qu'encore juvénile, du Pharaon.

– Enfin, te voilà, par Amon ! s'exclama Thoutmosis III sans quitter le fauteuil royal. Nous t'avons cherché pendant plusieurs jours. Qu'étais-tu devenu ? Que fait le roi sans cocher ?

– Je m'étonne de ton intérêt pour moi, Majesté. Tu as d'autres cochers et je ne me savais pas indispensable au palais...

– Ne joue pas au plus fin avec moi, lui dit le roi. Ce ton persifleur ne me plaît pas. C'est moi qui décide de qui me sert. Puisque tu es au service du roi, il est normal que le roi te trouve lorsqu'il a besoin de toi.

– Bien entendu, Majesté.

– Je préfère ce langage.

Pharaon semblait chercher ses mots. Le voir éventé par les suivantes d'Hatchepsout contrariait

Le rival d'Hatchepsout

Pathmès. La pile de dossiers accumulés sur le bureau qui n'avait pas bougé depuis la disparition de la reine finit par le mettre de très mauvaise humeur. Jamais la souveraine n'aurait laissé des affaires en suspens. Le roi préférait se pavaner ou faire la guerre plutôt que de traiter des affaires intérieures. Il choisissait de fréquenter son harem plutôt que de passer des nuits assis sur une chaise pour trouver une solution à un problème mineur. Thoutmosis III se disait attiré par les grandes causes et les dossiers internationaux, non par de menus détails que les fonctionnaires étaient capables de traiter.

– Que regardes-tu ainsi de cet air béat ? demanda Thoutmosis en contemplant la pile de rouleaux disposée devant lui. Aurais-tu un papyrus à récupérer ? Un litige te préoccupe-t-il ? As-tu des problèmes de voisinage ? Les juges et les scribes s'en occuperont. La place de Pharaon ne se trouve pas ici mais sur un char de combat !

– Bien entendu, ironisa Pathmès. Tout dépend de la politique que Pharaon souhaite mener...

– Cesse de me donner des leçons et de te montrer impertinent. Ce n'est plus Hatchepsout la Divine qui est assise ici mais Thoutmosis troisième du nom !

Pathmès se courba devant le roi.

– Alors, cocher, où se trouve donc la reine Hatchepsout ? demanda Thoutmosis III.

– Je ne suis qu'un serviteur, maître. Comment connaîtrais-je l'emploi du temps de la Divine Hatchepsout ?

Thoutmosis

– On t'a vu partir avec elle. Depuis, la reine n'est pas réapparue au palais. Aux dires de mes serviteurs, vous avez pris la direction du fleuve et vous avez effectué la traversée. Où êtes-vous allés ?

– La reine souhaitait prendre l'air et réfléchir tout en profitant de la brise vespérale.

– Dans la Vallée des Morts ?

– Oui.

– Je m'inquiète pour ma tante, dit Thoutmosis III. Vous êtes partis sans garde. Peux-tu me fournir d'autres explications ? Quand la reine rentrera-t-elle au palais ?

– Ne lui as-tu pas signifié, roi tout-puissant, que sa destinée arrivait à sa fin et qu'il n'y avait pas de place pour deux pharaons sur le trône d'Égypte ?

– Je ne comprends pas tes sous-entendus, dit Thoutmosis III. Je te conseille de dire ce que tu sais et j'espère pour toi qu'il n'est rien arrivé de fâcheux à ma chère tante car Osiris saura, dans ce cas, te juger comme il convient. Personne ne vous a vus après votre débarquement sur la rive ouest. Certains prêtres ont cru reconnaître de loin la silhouette de la reine mais ils ne peuvent l'affirmer. Seul Hapousneb prétend vous avoir parlé.

– Le grand prêtre n'est pas le seul à nous avoir adressé la parole, maître des deux Égyptes. Des prêtres en prière sur le temple d'Hatchepsout nous ont souhaité la bienvenue. La reine leur a demandé de se retirer. Elle voulait rester seule.

– Seule avec toi ? Es-tu donc un nouveau Senmout ?

Le cocher rougit.

48

Le rival d'Hatchepsout

– Je dis la vérité. Qu'Amon me punisse si je mens ! Nous avons parlé à plusieurs prêtres.

– Dis-moi leur nom !

– Je ne les connais pas. Depuis que le grand prêtre Amen a quitté Thèbes, je n'ai jamais rencontré les nouveaux dirigeants du clergé d'Amon.

– Pas même à Deir el-Bahari, sur le temple d'Hatchepsout où tu te rends si souvent ?

– Je ne mens pas.

– Allons ! Tu ne réussiras pas à me faire croire que tu ne connais pas parfaitement tous les prêtres d'Amon ! Je t'ai vu tant de fois en leur compagnie !

Thoutmosis III laissa s'installer un long silence. Puis il dit sans hausser le ton.

– J'ai fait interroger tous les prêtres. Je n'ajoute donc pas foi à tes paroles qui ne sont que vent et poussière.

Pathmès comprenait maintenant dans quel piège Thoutmosis III cherchait à l'attirer. Il faudrait bien expliquer la disparition de la reine et trouver un coupable.

– Je puis te redire très exactement ce que les prêtres nous ont conseillé de faire sur le temple et quels hymnes ils interprétaient en l'honneur d'Amon. Nous nous tenions près du sanctuaire d'Amon sur la troisième terrasse du temple et nous les entendions parfaitement !

Le roi éclata de rire.

– Tu te moques de moi ! Ces hymnes sont toujours les mêmes ! Veux-tu que je t'en chante quelques-uns ?

« Le roi refuse de savoir si j'ai adoré et vénéré la reine. Comment vais-je me sortir de ce mauvais

Thoutmosis

pas ? se demandait Pathmès. Même si je suis sincère, le roi dira sa vérité et personne ne voudra m'entendre. »

Le cocher était presque exaspéré de retrouver dans les traits de Thoutmosis III une si grande ressemblance avec ceux d'Hatchepsout. Il avait ses pommettes hautes et arrondies, un visage plus allongé mais les mêmes yeux en amande soulignés de khôl, les sourcils impeccablement dessinés, les lèvres charnues. Quand elle portait le némès ou la double couronne, avec sa barbe postiche, Hatchepsout était si semblable à son père qui n'était autre que le grand-père de Thoutmosis III !

Pharaon sourit. Ses joues se rehaussèrent, devenant presque rondes. « Comment pourrais-je supporter longtemps de contempler ces traits qui me rappellent ceux de ma reine adorée, se dit le cocher. Et ce sourire... Si je n'entendais les accents de la voix haïe de Thoutmosis, j'aurais l'impression de me trouver en présence d'Hatchepsout. »

Le cocher avait connu Thoutmosis III enfant. Il avait apprécié, comme son entourage, son caractère affirmé et s'était amusé de ses frasques. En prenant de l'âge, Thoutmosis avait fini par ressembler à la reine bien qu'il fût né d'une certaine Iset, une simple femme du harem, une belle ambitieuse !

– Si Néfêrou-Rê n'était pas morte, Hatchepsout m'aurait relégué dans les appartements de ma mère et personne n'aurait entendu parler de moi ! aimait à rappeler Thoutmosis III qui était pourtant l'héritier légitime de Thoutmosis II. Hatchepsout n'avait-elle pas décidé de créer une dynastie de femmes

50

Le rival d'Hatchepsout

pharaons ? N'éduquait-elle pas sa fille dans le but de lui céder un jour le trône ?

Le cocher eut envie de lui rétorquer qu'Iset n'était peut-être pas étrangère à la mort de Néférou-Rê mais il préféra se taire.

Thoutmosis III le rappela à la raison. Il avait posé sa main à plat sur son pagne plissé d'une grande élégance. Son maigre ceinturon portait son cartouche. Sa poitrine nue, le haut de ses bras musclés, son ventre ferme étaient ceux d'un athlète, son visage lisse et fin celui d'un jeune homme encore tendre.

– Tu restes muet, remarqua Pharaon. Je vais te mettre à l'aise et cesser de jouer avec tes nerfs. Hapousneb a reconnu t'avoir parlé sur l'autre rive du fleuve... N'est-ce pas là l'essentiel ? On sait que vous êtes arrivés au temple. Mais personne ne vous a vus repartir...

– Tu me tends des pièges sans raison, maître. Hapousneb ne s'est pas trompé. Je doute, en effet, qu'il m'ait vu repartir.

– Mais Hapousneb dira devant un tribunal ce que je souhaite qu'il dise !

– Bien entendu. Il me sera inutile de plaider ma cause ou de me défendre.

– Alors, parle. Où est Hatchepsout ?

À cet instant, la mère du roi entra sans se faire annoncer. Thoutmosis III ne montra aucun mécontentement. Il se leva, au contraire, pour accueillir Iset.

– Je ne savais pas que tu te trouvais en pleine réunion de travail, dit-elle en s'excusant. Je reviendrai.

Thoutmosis

– Tu es restée trop longtemps recluse dans le harem. Mon père venait t'y trouver car il t'aimait mais il devait affronter ma tante et je sais qu'elle t'a mené la vie dure. Aujourd'hui, tu as le droit de vaquer dans ce palais à toute heure de la journée sans craindre des représailles. Viens me voir toutes les fois que tu le souhaiteras. Tu l'as bien mérité ! Tu m'as toujours protégé et tendrement aimé. Que veux-tu ?

Iset lança à son fils un regard de reconnaissance. Ses prunelles brillèrent et elle se retint de le serrer dans ses bras pour l'embrasser. Elle tourna sa jolie tête vers le cocher qu'elle reconnut et lui adressa un sourire méprisant. Ses longs cheveux ramenés en chignon lui donnaient un air de grande dame alors qu'elle avait autrefois attiré le roi par ses danses lascives et qu'elle refusait de se plier à toute autorité. « Elle a bien changé, se dit encore Pathmès... Elle tient son rôle de mère du roi mieux que je ne l'aurais imaginé. Dommage ! Les Égyptiens auraient pu la détester. Ils vont apprécier cet air noble et sage, cette tenue sobre et l'amour maternel qu'elle porte à Pharaon. »

Iset avait gardé son visage dépourvu de rides. Ses grands yeux sombres et charmeurs étaient restés vifs et lumineux. Sa voix chantante mettait beaucoup de joie au palais. Les servantes l'appréciaient et demandaient à la servir. Elle prenait un malin plaisir à utiliser les objets préférés d'Hatchepsout et à fréquenter les lieux qu'elle affectionnait.

– Je voulais juste savoir si nous avions des nouvelles de ta tante, dit-elle. Puisque son cocher est là, je pense que toute énigme est résolue.

Le rival d'Hatchepsout

– Au contraire, lui répondit Thoutmosis III. Pathmès ne m'a rien appris et j'attends son récit avec impatience.

– Je n'ai rien à ajouter, Seigneur des deux pays, dit Pathmès en se courbant comme pour quitter la pièce.

– Vois-tu cet homme ? J'ai de bonnes raisons de penser qu'il en sait long et pourtant il refuse de parler !

– Tu n'emploies sans doute pas les bonnes méthodes...

– Nous en changerons si nécessaire, répondit Thoutmosis III en plantant ses yeux dans ceux du cocher.

III

Dès le soir même, le chef d'armée qui gardait ses soldats stationnés tout près de Meggido demanda une audience exceptionnelle au roi. Bien qu'il fût en train de dîner en compagnie de nombreux ambassadeurs, Thoutmosis III se leva précipitamment pour l'entendre dans le bureau privé.

Méryrêt, qui assistait exceptionnellement au repas et qui s'entretenait avec l'épouse du vizir de la région de Thèbes, comprit au regard de son mari qu'un événement grave venait de se produire. Elle fit venir son conseiller Ialou, qui portait le doux nom des champs de l'Au-Delà, et lui ordonna d'aller aux nouvelles.

– Tu diras au Pharaon que je t'envoie, murmura-t-elle à l'oreille d'Ialou. Demande-lui s'il a besoin de moi.

Gêné par le son des crotales, Ialou s'approcha de Méryrêt pour mieux l'entendre et réclama son message.

– Cette simple question suffira, dit-elle. Il est inutile d'avoir recours à un scribe. Dépêche-toi !

Ialou hésita car il avait peur d'être éconduit.

– Va, te dis-je, insista Méryrêt. Et reviens vite. Je t'attends !

Thoutmosis

Comme le vizir applaudissait la prestation des danseuses qui faisaient retentir leurs instruments au bout de leurs doigts fins, Méryrêt crut bon de mêler ses exclamations aux siennes. Mais elle ne cessait de guetter la porte. « Pharaon ne revient pas. Que s'est-il passé pour qu'il quitte ainsi le repas ? L'un de nos ennemis a-t-il déclaré la guerre à l'Égypte ? Se trouve-t-il à l'entrée de Thèbes ? Et cette Hatchepsout qui demeure introuvable ! A-t-elle fomenté une révolte contre nous ? Cette femme est capable de tout même à son âge ! Elle reprendrait le pouvoir envers et contre tous ! Je suis convaincue qu'il s'agit de cette usurpatrice qui cherche à reprendre le trône d'Égypte ! Ah ma mère ! Tu ne m'aimes guère et tu me causes bien du tourment ! Si tu avais misé sur moi plutôt que sur ma sœur Néférou-Rê, tu régnerais toujours avec Thoutmosis III ! »

Le vizir s'inquiéta soudain de ses absences.

– Tu parais bien pensive, Grande Épouse, lui dit-il. Pharaon aurait-il quelque souci ? Il lui arrive rarement de quitter un dîner !

– En réalité, je suis un peu fatiguée, reconnut Méryrêt en lui adressant un sourire désarmant. Assumer le rôle de Grande Épouse royale n'est pas de tout repos ! Je n'imaginais pas qu'il fallût être partout ! Le peuple apprécie que j'accompagne mon mari lors des fêtes religieuses. Je voyage également avec lui. Ce métier est très éprouvant !

– Je le crois volontiers ! intervint son épouse. Être femme de vizir est déjà accaparant. Isis ne me donnerait pas la force d'être la première épouse d'un pharaon !

Le rival d'Hatchepsout

Méryrêt jugea sa remarque déplacée. Comment osait-elle se comparer à une Grande Épouse royale ? Elle regarda dédaigneusement sa tunique trop moulante et ses bijoux clinquants. Son parfum troublait tous les Égyptiens pourtant habitués aux senteurs voluptueuses.

Les convives riaient en buvant des coupes pleines de vin ou de bière fraîche. Des servantes très jeunes allaient puiser l'alcool dans des cratères immenses et rapportaient des jarres en argent pour remplir les coupes des invités. Ce ballet d'adolescentes au pas léger et aux chevilles souples entourées d'une chaîne dorée comblait Méryrêt. Elle aimait la discrétion des femmes qui entouraient Pharaon et ne supportait qu'avec peine celles qui cherchaient à se distinguer par une tenue voyante, peut-être parce qu'elle avait deviné que le roi était attiré, comme ses ancêtres, par les filles audacieuses.

Les acrobates, les danseurs, les chanteuses se succédaient au milieu de la salle au son de la musique des tambourins, des luths ou des harpes. Tel poète récitait des vers avec grandiloquence ; tel philosophe lançait un sujet de débat ; tel géographe racontait ses voyages.

– Où se trouve mon fils ? demanda soudain Iset en s'approchant de Méryrêt

La Grande Épouse sursauta.

– Iset ! Tu ne voulais pas te mêler à notre festin !

– J'avais tort. Je trouve cette soirée très réussie.

La mère du roi, très apprêtée, secoua ses longs cheveux noirs qu'elle avait refusé de relever en chignon ou de couvrir d'une perruque. Méryrêt lui

Thoutmosis

rappelait pourtant sans cesse que seules les prostituées portaient les cheveux défaits et qu'il était préférable pour la mère du pharaon d'être coiffée par les meilleures servantes du palais. Mais Iset avait tellement changé depuis que son fils régnait qu'il fallait plutôt bénir les dieux de cette transformation.

– Tu regardes mes cheveux, dit en riant Iset. Voilà un soir de fête exceptionnel. J'ai décidé d'être moins guindée qu'à l'ordinaire.

Méryrêt sourit.

– Allons, raconte-moi tout, ajouta Iset en s'asseyant sur le bord du divan de Méryrêt. Nos invités sont occupés à parler. Donne-moi quelques indices. J'ai vu mon fils quitter cette pièce, la mine chiffonnée. Je le connais mieux que toi. Que se passe-t-il ?

– Hélas ! J'attends le retour d'Ialou pour en savoir plus !

Tout en parlant, Méryrêt guettait la porte. L'insistance d'Iset l'agaçait. Elle voulait la tenir à l'écart.

– Nous sommes très proches, mon fils et moi, ajouta Iset comme si elle avait compris les pensées de sa belle-fille. Je devine tout de suite si un événement grave a eu lieu.

– Les mères ont souvent cet instinct exceptionnel, répondit Méryrêt pour lui plaire. Iset, retourne à ta place afin que nos invités ne se posent pas de question. Je te tiendrai au courant.

Iset se leva nonchalamment avec cette arrogance qui indisposait tant Hatchepsout. Elle était courtisée par de nombreux hommes au palais. Méryrêt les encourageait en espérant être plus tranquille si

58

Le rival d'Hatchepsout

Iset se mariait. Mais la belle Iset, naturellement volage, jugeait sa vie très plaisante ainsi. Le peuple la croyait prude et dévouée. Sa vie privée était connue des seuls courtisans.

En la voyant discuter avec entrain, Méryrêt se jura de lui trouver très rapidement un mari. « Un vizir ? Un haut fonctionnaire ? se demanda-t-elle tout en regardant les acrobates qui venaient jongler sous ses yeux. Il faudrait un homme plein de charme et d'esprit, fidèle mais autoritaire. » Méryrêt chercha dans l'assemblée un Égyptien qui pût correspondre à une telle définition.

Autour d'elle étaient mêlés des hommes à la peau noire venant de Nubie, des habitants de régions lointaines de petite taille qui avaient apporté au roi des produits étonnants, de la résine pour les dieux, des bijoux pour la reine et des animaux pour le parc royal. S'ils ne parlaient parfois pas la même langue, ils se comprenaient par gestes. « Un étranger ? se demanda Méryrêt. Iset paraît sensible à l'inconnu et à l'exotisme. Mais je ne la vois pas épouser ce chef de petite taille au ventre rond qui nous arrive du Pount ! » Iset semblait sous le charme d'un Nubien aux bras étonnamment musclés dont la peau luisait. Elle riait à chacune de ses interventions.

– Quelle comédienne ! Les dieux lui ont donné l'habileté et l'audace ! Elle surveille la porte autant que moi tout en faisant mine d'être intéressée par les histoires de ce Nubien !

*
* *

Thoutmosis

Thoutmosis III avait fait interdire la porte de son bureau. Ialou ne put entrer.

– Mais je viens de la part de la Grande Épouse, insista-t-il auprès des gardes.

Ce fut peine perdue. Les ordres du roi étaient valables pour tous, même pour Méryrêt-Hatchepsout II. « Elle sera furieuse de me voir revenir sans réponse, se dit Ialou. Tant pis ! Elle interrogera elle-même Pharaon. »

– Qu'est-ce que tu m'apprends, Kalourê ? dit le roi avec stupeur. Les habitants de Meggido se révoltent contre les soldats égyptiens ? Ils ne tolèrent pas leur présence dans leur ville ? Mais ils se montrent pourtant très pacifiques ! Ont-ils malmené les autochtones ?

– Pas que je sache, Maître des deux Égyptes, répondit le chef militaire dont le visage ridé, austère et jauni comme un papyrus, ressemblait à celui d'une momie. Nous ne paraissons pas en cause.

– Que cherchent-ils ? La guerre ?

– J'en suis persuadé, répondit Kalourê.

– Ton armée est-elle prête pour un nouveau conflit ? Que penses-tu de tes hommes ? Aurais-tu besoin de forces supplémentaires ? Souhaites-tu des archers, des cavaliers ?

– Il n'est plus temps, hélas, d'appliquer les beaux principes de Pharaon tout-puissant. Tu avais décidé de mettre tes hommes à l'essai. Tu voulais garder les anciens au palais. Choisir les soldats les meilleurs ne paraît plus guère de saison. Je dois partir vite avec une armée habituée à combattre dans ces régions. Il faut que les hommes en connaissent les pièges et les dangers.

– Je vois, se contenta de répondre Thoutmosis III. Je ne suis cependant pas de ton avis. Je prendrai le temps de réunir les bataillons qui me semblent les plus efficaces et les plus dynamiques. Je les mènerai moi-même au combat !

Le chef militaire ne s'attendait pas à une telle décision.

– Tu as déjà fait tes preuves sur un champ de bataille...

– Pensais-tu que je me contenterais de montrer au peuple égyptien comment je combattais ? Un triomphe ne m'intéresse pas ! Il m'en faut mille ! Un pharaon doit se trouver au premier rang lorsque son pays est en danger. Tes informations me sont précieuses. Je vais maintenant étudier comment nous pouvons mater Meggido et tirer parti de la situation. Sois prêt à partir mais ne rassemble pas tes hommes pour le moment. Je veux des renseignements précis. Je vais envoyer des espions dans la région. Je ne tiens pas à agir à la légère...

Thoutmosis III renouvela ses ordres de ne pas être dérangé. Il resta bientôt seul dans la pièce. Il médita longuement sur son fauteuil, le front dans la main. Puis il se leva, marcha de long en large, posa sa coiffe sur une table basse afin d'être plus à l'aise.

– J'ai oublié le banquet, dit-il. Méryrêt doit se demander où je suis. Je ne voudrais pas que mes invités s'offusquent de mon absence. J'ai assez de

Thoutmosis

soucis pour ne pas créer en plus un incident diplomatique !

Il ouvrit la porte brusquement et tomba sur le serviteur de la Grande Épouse qui n'osait retourner au banquet sans avoir accompli son devoir. Étonné de voir le pharaon sans son escorte, Ialou balbutia quelques mots avant de se prosterner devant lui.

– Tu es là au bon moment, lui dit Thoutmosis III. Dis à la reine que je la rejoins au plus vite et qu'elle excuse mon absence.

– La divine Méryrêt-Hatchepsout II voulait précisément savoir…, commença Ialou.

– Tu peux disposer, l'interrompit Thoutmosis III en refermant la porte.

Il la rouvrit bientôt.

– Qu'on m'apporte les cartes du monde et un plan de Meggido. L'archiviste du palais doit trouver cela dans les meilleurs délais. Je ne veux pas d'un plan qui tombe en poussière mais d'une carte encore parfaitement lisible et récente ! J'avais demandé à trois scribes de travailler sur différents plans l'année dernière. Ils conviendraient parfaitement.

Les gardes se concertèrent. Ils avaient des instructions précises et ne devaient pas quitter leur poste. Mais avant même qu'ils aient pu répondre au roi, celui-ci avait refermé brusquement la porte.

– Dois-je partir pour Meggido ou attendre à Thèbes ? Je suis dorénavant le seul pharaon. Il ne me plaît pas de rester trop longtemps éloigné de mon palais. Je connais mes adversaires. Ils ne se laisseront pas mater facilement. Les saisons peuvent passer. Et que se passera-t-il ici en mon

Le rival d'Hatchepsout

absence ? Certains fonctionnaires me paraissent fidèles mais ils l'étaient tout autant à Hatchepsout. Ils vénéreraient aussi bien un autre roi !

La nuit était tombée depuis plusieurs heures. Dans le ciel très clair, bleu marine, brillaient de nombreuses étoiles. Il faisait moins chaud. Dans le jardin, les senteurs des arbustes et des fleurs remontaient. Les jardiniers redonnaient vie à la terre sèche et craquelée. Dans l'étang le plus proche s'ébrouaient des canards au plumage vert et luisant.

Thoutmosis III entendit les rires des femmes du harem qui jouaient ensemble. On frappa alors à la porte et l'on déroula plusieurs cartes devant lui.

– Bien ! Que l'archiviste vienne tout de suite ! Je vais avoir besoin de son aide !

On se précipita pour satisfaire le roi. Le vieux documentaliste entra bientôt dans la pièce.

– Je dois rejoindre mes invités, dit le roi. Je vais te confier un travail important. Tu vas examiner en détail toutes ces cartes et tu me traceras le parcours le plus court et le plus pratique pour aller à Meggido. Je compte m'y rendre le plus rapidement possible.

– Seul ou avec une armée ? demanda l'archiviste.

– Avec des chars et des fantassins. Dresse-moi la liste des embûches que nous pourrions rencontrer. Je veux que nous arrivions là-bas en pleine forme quitte à doubler les étapes si nécessaire. Ne laisse rien au hasard. Quand penses-tu me faire un rapport précis ?

– Demain à l'aube si je travaille pendant le reste de la nuit...

Thoutmosis

– Les dieux l'ont voulu ainsi. Sache que le sort de l'Égypte se trouve entre tes mains.

Le vieil homme se courba et rassembla ses mains noueuses devant sa poitrine.

– Demain, mon travail sera terminé.

– Je n'en attendais pas moins de toi, dit le pharaon en replaçant sa coiffe sur sa perruque brune. Mets-toi à l'aise. Demande de l'aide. Tu obtiendras tout ce dont tu auras besoin.

« Où se trouve donc Hatchepsout ? se demanda Thoutmosis. Je ne veux pas quitter Thèbes sans savoir ce qu'elle est devenue. Elle comprenait que son heure était arrivée. J'avais donné des ordres pour qu'elle disparût et elle l'avait deviné. A-t-elle fui son destin ? »

Tout en avançant d'un bon pas vers la salle de réception, Thoutmosis sentait qu'il faisait fausse route. « Hatchepsout n'a jamais fui devant le danger. Elle aurait préféré mourir dignement plutôt que d'y échapper lâchement. N'est-ce pas ainsi que je l'invitais à agir ? Soit elle s'est suicidée, soit elle complote contre moi. Si je réussissais à faire parler ce maudit cocher ! Il faudra bien qu'il raconte ce qu'il sait ! Le temps m'est compté. C'est moi qui combattrai à Meggido mais je ne partirai pas tant qu'Hatchepsout n'aura pas été retrouvée ! »

Les rires et de joyeux éclats de voix l'accueillirent lorsqu'il entra dans la pièce embaumant de senteurs diverses et capiteuses. Tous applaudirent le retour du roi. Lui ne pensait déjà plus qu'au

Le rival d'Hatchepsout

général Amenmen qui avait tant de fois chevauché à ses côtés et aux chars qu'il voyait lancés à belle allure contre l'ennemi. La crinière des chevaux se soulevait. Leurs jambes souples accéléraient leur course tandis que les archers ajustaient leurs flèches. Le bois doré des arcs rutilait sous le soleil. Les traits partaient avec force dans la même direction dans un ballet redoutable, visant toujours juste. Tel Thoutmosis Ier, son petit-fils affrontait les adversaires sans fléchir. Lion superbe, griffon effrayant, taureau puissant, il prenait toutes les formes qu'il souhaitait pour écraser l'ennemi.

– Enfin te voilà, lui dit Méryrêt en l'interrogeant du regard. J'étais inquiète. Tu es resté longtemps absent. Que se passe-t-il ?

– Rien de grave, répondit posément le pharaon en tournant sa belle tête vers le vizir à l'affût de ses moindres paroles. Le roi réclama une coupe de vin et but à la santé de ses invités. Il paraissait détendu mais il songeait encore à son armée, à ses hommes lancés dans la bataille, à sa volonté de renverser quiconque tentait de détruire l'héritage de son père. Il préférait les combats aux mondanités. Bien que sa carrure fût moins impressionnante que celle de son grand-père, Thoutmosis III avait conscience de sa mission. Il avait hérité du dieu un territoire immense et puissant qu'il ne comptait pas céder aux rebelles.

Le regard d'Iset traversa toute la pièce pour se poser sur lui, interrogateur et attentif.

– Ma mère devait se demander où j'étais parti, dit-il à Méryrêt.

Thoutmosis

– Elle est venue m'interroger.

– Que lui as-tu répondu ?

– Que je ne savais rien. N'as-tu pas renvoyé Ialou sans lui fournir de réponse ?

– Certaines questions ne s'abordent pas avec les domestiques, répondit le roi. Changeons de sujet. Nous en reparlerons plus tard.

Mais Méryrêt était trop curieuse pour attendre davantage.

– Une femme du harem t'a-t-elle charmé, Pharaon tout-puissant ? demanda-t-elle en riant.

– Tu prêches le faux pour savoir le vrai. Pharaon a-t-il déjà quitté un banquet afin d'aller se divertir ailleurs ? Voilà une bien étrange façon de recevoir !

– Certaines femmes de ton harem peuvent devenir très convaincantes. J'ai visité hier celles que tu avais ramenées du nord de l'Égypte. Des femmes belles, très jeunes, qui paraissent encore si naïves !

Thoutmosis III reconnut qu'il aimait les adolescentes inexpérimentées.

– Veux-tu donc que je renvoie les plus vieilles ou que je les donne à tes fonctionnaires ? Ils en seraient ravis ! La plupart sont vieux et célibataires ! Tu ne saurais mieux les contenter !

– Je préfère que la responsable du harem s'en occupe. Jc lui dresserai une liste des femmes à qui je compte rendre leur liberté. Elles me le reprocheront ! Car rien ne vaut une vie agréable au palais ! Même un haut fonctionnaire ne pourra leur offrir un tel luxe !

Le rival d'Hatchepsout

– Tu as tort de ne pas me faire confiance. Les Grandes Épouses ont toujours su aménager le harem du roi.

Thoutmosis III savait que sa jeune épouse pouvait se montrer très jalouse. Toutes les femmes secondaires la redoutaient. Nulle n'était à l'abri d'un poison, d'une morsure de serpent ou d'un coup de couteau. Elles se souvenaient de l'antipathie que Méryrêt ressentait pour sa sœur aînée et avec quel plaisir elle avait appris sa disparition prématurée. Méryrêt avait trop souffert de l'indifférence maternelle pour ne pas vouloir prendre une revanche sur son enfance.

– Tes yeux pétillent en parlant des femmes, ajouta Méryrêt. Avais-je donc raison ? Tu es parti choisir celle qui guidera ta nuit ?

– Que veux-tu dire ? demanda le roi, le visage grave.

– Tu es séduisant et les femmes du harem se pressent pour obtenir tes faveurs. Tu aimes souvent les visiter entre deux réunions...

– Mais je ne suis pas en réunion. Rassure-toi, je n'étais pas en compagnie d'une femme même si je fréquente mon harem quand bon me semble !

Comme Méryrêt le regardait avec insistance, il lui fit comprendre qu'il lui parlerait plus tard des incidents qui venaient de survenir.

– Dis-moi seulement si ma mère est en cause... C'est elle qui tente de fomenter un complot contre nous ! Elle va réunir une armée pour reprendre le pouvoir à Thèbes ?

– Non. Il ne s'agit pas de ta mère Hatchepsout. Notre trône n'en est pas moins menacé.

Thoutmosis

Le roi lui fit signe qu'il n'ajouterait rien. Il se tourna vers les danseuses et observa leurs jambes fines et souples. La lumière tamisée permettait d'apprécier les feux croisés que des jongleurs réalisaient avec leurs torches. Les femmes poussaient des cris dans l'assistance toutes les fois que l'une d'entre elles effleurait la cuisse des artistes.

Dès la fin de la prestation, le cuisinier apporta lui-même des plats majestueux de poissons et de gibiers. Ce fut un défilé alléchant qui provoqua bien des commentaires.

Sur un simple claquement de doigts du pharaon, des servantes remplacèrent les cônes parfumés qui fondaient sur les chevelures. Des pétales de roses tombèrent du plafond et recouvrirent le sol.

Le cocher d'Hatchepsout se fit alors annoncer. Méryrêt poussa un petit cri étonné.

– Qu'il entre et se joigne à nous ! répondit Thoutmosis III. Voilà une visite étonnante !

– Pathmès ne souhaite pas s'asseoir, Seigneur, lui dit le garde. Il veut que tout le monde se taise, que les acrobates quittent la salle et que nous l'écoutions. Il prétend avoir des révélations à faire.

– Ce cocher m'agace, par Horus. Il a plus d'exigences qu'un roi !

– Que dois-je faire ?

– Dis-lui d'entrer mais qu'il vienne me voir avant de parler !

– Je doute qu'il accepte...

– Qui est le maître ici ? L'aurais-tu oublié ? Le dieu Amon t'a-t-il ôté la raison ?

– Non, maître. J'agirai comme tu l'as ordonné.

IV

Superbe, le cocher se planta au milieu de la salle sans daigner saluer Pharaon. Les invités le regardaient surpris, s'interrogeant mutuellement.

– Vous répondez à l'invitation de Pharaon, dit le cocher. Hier, vous étiez les invités de la reine Hatchepsout. Tant de fonctionnaires, tant d'amis de la reine, tant de courtisans sont morts ces derniers jours. Personne n'interroge, n'enquête. On enterre les morts et on les oublie. Parmi eux se trouvent des généraux qui ont sauvé leur pays, des hauts fonctionnaires qui ont administré l'Égypte, des fidèles qui ont sauvé la vie de leurs princes !

Meryrêt se demandait où le cocher voulait en venir. Elle jetait des regards inquiets vers son époux, furieux de l'audace d'un tel homme. « Jusqu'où va-t-il oser aller ? se demanda-t-il. Dois-je l'arrêter tout de suite et le condamner à mort ? A-t-il déjà trop parlé ? Il est capable de m'accuser de meurtre devant les ambassadeurs de six pays ! »

Les acrobates, atterrés, restaient sous les colonnes papyriformes qui entouraient la grande pièce. Les gardes, prêts à intervenir, guettaient le moindre signal du roi. Ce fut Iset qui se leva la

Thoutmosis

première. Elle s'avanca vers Pathmès et lui demanda de parler plus franchement.

– Que veux-tu dire, cocher ? Prétendrais-tu que
des morts suspectes sont restées inexpliquées dans
ce palais ? Oserais-tu affirmer que Pharaon supporterait une telle situation ?

Puis elle se tourna vers l'assemblée.

– Je connais cet homme. Il était dévoué à
Hatchepsout. Il souffre d'avoir perdu un être aussi
puissant et aussi digne. Qui n'en souffrirait pas ?
La disparition des rois a toujours entraîné la souf-
france de leurs sujets. Certains souhaitent mourir
avec eux. Hatchepsout s'est retirée. Elle a laissé le
trône à son neveu. Mais tu peux toujours lui servir
de cocher ! Viens partager notre festin. Pharaon t'y
invite. On ne refuse pas les faveurs du roi !

« Ma mère est maligne, se dit Thoutmosis. Elle va
encore me sauver la mise ! »

Un silence pesant plana sur l'assemblée stupéfaite.
Les invités regardaient le roi puis se tournaient de
nouveau vers le cocher en cherchant une explication à une situation aussi étrange. Le pharaon
contenait sa colère tandis que le cocher montrait
une morgue insupportable aux yeux des courtisans.

– Certains de vous êtes mes amis. J'en ai vu vénérer la reine Hatchepsout, continua le cocher malgré
l'intervention d'Iset.

Sa voix, légèrement voilée par l'émotion et la
révolte, troubla les femmes qui frémirent sous leur
tunique. Où voulait en venir cet homme frêle qui
semblait tous les mettre en accusation ? Le vizir se
leva soudain, exaspéré.

Le rival d'Hatchepsout

– Que prétends-tu devant Pharaon tout-puissant ? demanda-t-il en braquant un doigt accusateur vers le cocher. Nous avons tous adoré Hatchepsout et nous la respectons encore. Elle était l'héritière de sang royal, la descendante de l'illustre Ahmosis, notre libérateur, du grand Aménophis et du brillant général Thoutmosis. J'éprouve pour elle une grande admiration. Mais elle est maintenant âgée et doit céder le pouvoir à son neveu afin qu'il repousse l'ennemi menaçant l'Égypte ! Qu'y a-t-il là de répréhensible ? N'est-ce pas la loi des pharaons que de céder leur place à leur successeur jeune et fort ?

– Et tu ne t'étonnes pas que la divine Hatchepsout ne soit pas ici ce soir ? demanda le cocher. Que Thoutmosis III parte pour la guerre ne l'empêcherait pas de gérer le pays comme elle l'a toujours fait avec brio !

– Sans doute est-elle fatiguée... Peut-être se repose-t-elle...

Pathmès haussa les épaules.

– Vous tous qui êtes ici ne pouvez ignorer que la reine a réuni il y a quelques jours l'ensemble de ses fidèles amis pour leur conseiller de quitter la cour et la ville de Thèbes. Elle craignait pour la vie de ses proches. Certains n'ont, hélas, pu échapper à leur triste destinée. Comment est mort Senmout, le plus haut personnage de l'État, celui qui a assisté la reine pendant toute sa vie ?

Des moqueries se firent entendre. Personne n'avait été dupe de l'opportunisme du paysan Senmout qui avait gravi trop rapidement les éche-

Thoutmosis

lons du pouvoir. Sa liaison avec Hatchepsout ne plaisait pas à tout le monde.

– Qui a tué Pennethbet, le grand général de Thoutmosis Ier et d'Hatchepsout ?

Le vizir se sentit alors très mal à l'aise.

– Eh bien, dit-il, qu'Hatchepsout se joigne à nous ! Nous l'honorerons comme elle le mérite !

– La reine ne se trouve pas au palais.

Thoutmosis III l'interrompit.

– Hatchepsout a disparu. Cet homme est le dernier à avoir été vu en sa compagnie sur la rive ouest. Il faisait nuit. Depuis, personne n'a revu ma tante. Une enquête est en cours.

Dans la salle, quelques toussotements se firent entendre. Méryrêt paraissait révoltée par l'intervention du cocher.

– Je ne jugeais pas utile que toute la cour fût informée de cette disparition, reprit Pharaon. Nous nous inquiétons sans doute pour rien. Que les danseuses reprennent leurs acrobaties et que Pathmès se joigne à nous s'il le souhaite.

– Je sais, en effet, où est Hatchepsout, poursuivit le cocher sans tenir compte de cette invitation.

– C'en est trop, par Isis ! dit Méryrêt à son époux. J'appelle les gardes. Que ce maudit cocher finisse en prison ! Nous aviserons demain sur son sort !

Thoutmosis III la retint par le bras.

– Tu n'y penses pas ! Calme-toi et reste étendue sur ce divan. Seul le roi décide ! Tous les yeux sont braqués sur toi. Souris et détends-toi. J'aurais dû sévir contre ce Pathmès. Aujourd'hui, il est trop tard. Qu'il termine son discours...

Le rival d'Hatchepsout

– Tu prendrais donc ce risque ? demanda Méryrêt.

– Quel risque ? Pathmès a peut-être fait disparaître ta mère. Personne d'autre ne l'a vue depuis cette fameuse nuit.

– Tu sais très bien ce que je veux dire… répondit Méryrêt.

Pathmès n'en continuait pas moins son monologue, commençant à lasser l'assistance qui réclamait des réjouissances et des chanteurs.

– Je ne me laisserai pas accuser pour un forfait que je n'ai pas commis ! dit le cocher. Si les dieux ne m'avaient pas contraint à parler, je me serais tu car j'estime que la reine Hatchepsout a droit au respect. Or, tenir compte de ses volontés est une façon de la respecter. Hatchepsout m'a donné des ordres sur son temple. Puisque je suis obligé d'obéir à Pharaon, je passerai outre et conduirai demain l'escorte royale à l'endroit où Hatchepsout a décidé de se retirer.

– Veux-tu dire qu'elle a décidé de ne plus habiter au palais ? demanda le roi.

– En quelque sorte, répondit le cocher en s'inclinant. J'ai accompli mon devoir en venant t'informer, Roi des deux Égyptes. Maintenant, mon travail m'attend. Je dois brosser mes chevaux et leur donner à boire.

– Bien ! s'exclama le roi, soulagé, dès que Pathmès eut franchi la porte. Que les réjouissances reprennent ! Ne donnons pas à cet incident plus d'importance qu'il ne faut lui en accorder. Cet homme était manifestement troublé de ne plus servir la reine Hatchepsout. On le comprend. Ma tante

Thoutmosis

a régné si longtemps ! Plus de vingt ans sur le trône d'Égypte reste une exception ! Qu'on lève notre coupe à sa majesté et à sa grandeur !

Tous joignirent leurs vœux à ceux de Pharaon. Seule Méryrêt ne bougea pas. Les sons des crécelles, des crotales, des luths et des harpes envahirent la salle. Les danseuses s'élancèrent sur la piste dans leurs tuniques turquoise et rouge, tournant inlassablement. Leurs visages voilés et leurs corps dissimulés sous mille couleurs chatoyantes se révélèrent peu à peu aux spectateurs qui applaudirent. Les hommes commençaient à être ivres. Les femmes parlaient fort et riaient plus bruyamment encore.

Les servantes firent pleuvoir au-dessus des convives de nouveaux pétales de roses qui dégagèrent de sensuelles odeurs. Elles se mêlèrent aux senteurs de myrrhe des cônes parfumés. Iset poussait des exclamations à chaque bon mot du Nubien qui dévorait à côté d'elle des cailles farcies. La gorge renversée et les cheveux balayant ses reins, elle ressemblait à l'une de ces Égyptiennes des rues animées de Thèbes. Même Méryrêt se mit à rire après avoir bu plusieurs coupes de vin.

— Tout est déjà oublié, dit Thoutmosis. J'ai eu raison de ne pas intervenir contre ce cocher. Un malaise aurait mis fin à notre joie. Il faudrait que je pense à marier ma mère...

— Ne crois-tu pas qu'elle trouverait elle-même un mari si elle en souhaitait un ? répondit Méryrêt. Elle aussi a son harem et cela ne lui déplaît pas !

*
* *

Le rival d'Hatchepsout

Le lendemain, Thoutmosis III apprit qu'Hatchepsout était morte.

Le roi avait tenu à accompagner Pathmès sur le temple de millions d'années de la reine afin de constater par lui-même ce que lui dirait le cocher en qui il n'avait qu'une confiance limitée.

Le cortège royal embarqua très tôt le matin et gagna sans tarder la rive ouest. Les prêtres d'Amon attendaient le roi et le conduisirent jusqu'en haut du temple de la reine.

— Voilà l'endroit où j'ai laissé la reine, dit Pathmès, encore troublé, en montrant au roi l'emplacement exact où Hatchepsout était étendue.

— Où est son corps ? demanda froidement le roi.

— Je ne le sais pas.

— Nous devons procéder à la momification sans attendre et donner à la reine des funérailles décentes. Voudrais-tu que la divine Hatchepsout soit abandonnée en pleine nature alors qu'on doit procéder aux rituels qui lui permettront de vivre décemment dans l'Au-Delà ?

— Je ne sais si tu me croiras, Grand Roi, lui avoua Pathmès. Hatchepsout a quitté notre monde sur la troisième terrasse de son temple de millions d'années. J'étais là auprès d'elle. Nous étions seuls. Nous entendions les prêtres qui chantaient non loin de là. La reine a parlé de Senmout. Elle a paru s'endormir mais elle s'est éteinte avec la plus grande douceur. J'ai senti son âme s'envoler et je suis resté sans bouger, les larmes aux yeux. Les dieux m'empêchaient de me lever. J'étais comme paralysé.

Thoutmosis

– Celle que tu vénérais venait de gagner le domaine d'Osiris, dit le pharaon. N'est-ce pas normal ? Mais es-tu absolument sûr qu'Hatchepsout s'apprêtait à se présenter devant la balance des juges ?

– Oui. Son âme est si bonne et si juste qu'elle doit déjà se trouver dans le pays d'Ialou où les champs prospèrent, où les oiseaux chantent mieux qu'ici-bas et où les hommes continuent agréablement leur vie.

– L'as-tu touchée ? As-tu senti la fraîcheur de sa peau et ce souffle à peine palpable qui gagne les cieux. Peut-être s'était-elle assoupie...

– Pharaon tout-puissant, j'ai vu mourir mes compagnons dans les combats. Certains sont morts dans mes bras. Je sais reconnaître la présence d'Osiris et je devine quand un être humain devient lui-même Osiris pour vivre dans l'Au-Delà.

– Je vais donner des ordres, dit le roi. Je dois bientôt m'absenter et je ne sais si cette absence durera longtemps. Je veux qu'Hatchepsout soit enterrée dignement dans sa tombe de la Vallée avant mon départ. Or, l'ennemi menace l'Égypte...

Le pharaon donna un violent coup de poing dans la paume de sa main.

– Comment réaliser une momification en moins de soixante jours ? Le délai habituel est de soixante-dix jours. Jamais la momie de la reine ne sera prête ! Il faudrait activer la préparation, se procurer les aromates le plus vite possible. Je vais demander à Méryrêt de s'en occuper. Elle connaît les meilleures familles d'embaumeurs. Nous les paierons bien pour qu'ils accomplissent des exploits !

Le rival d'Hatchepsout

Le cocher l'arrêta aussitôt.

– Je t'ai dit, maître, que j'avais assisté au passage de la divine Hatchepsout dans l'Au-Delà. Je ne t'ai pas promis de te montrer son corps.

– Qu'entends-tu par là ?

– Je suis resté auprès d'elle pendant toute la nuit. Au matin, j'ai laissé son corps à l'abri dans le sanctuaire d'Amon. Aucun prêtre ne se trouvait sur le temple d'Hatchepsout. Tout était calme autour de moi. J'ai donc marché dans l'espoir de trouver un membre du clergé. Mais on aurait dit que le désert avait englouti tous les Thébains. Le soleil se levait derrière les collines. La vallée était rose. J'ai repris ma mule et ai gagné le bord du fleuve. J'ai alors hésité à prévenir les rares habitants de Thèbes-Ouest. J'y ai finalement renoncé. J'ai préféré traverser le fleuve pour parler à un ami et lui demander conseil.

– Pourquoi ne pas m'avoir immédiatement informé ? La mort de la reine était une affaire d'État !

– Peut-être ai-je perdu la tête, avoua Pathmès. Malheureusement, lorsque nous sommes retournés ensemble sur le temple, le corps de la reine avait disparu.

– Penses-tu que je vais croire pareille ineptie ? demanda le roi. Tu me trompes encore ! Mais tu finiras bien par parler sous la torture. Méryrêt avait raison. Je t'ai trop ménagé ! Tu te moques de moi ouvertement !

– Que les dieux me foudroient sur-le-champ si je mens, dit Pathmès. J'affirme que la reine n'était plus à la place où je l'avais laissée ! C'est la raison

77

Thoutmosis

pour laquelle je n'ai rien dit. Je savais que tu ne me croirais pas. Je te soupçonnais de...

– Continue ! dit le pharaon en pointant vers lui un doigt accusateur. Comment oses-tu soupçonner Pharaon ? Pharaon a toujours raison ! Pharaon agit selon la volonté divine !

– Hatchepsout a disparu, reprit le cocher. Depuis, je l'ai cherchée en vain. J'ai interrogé les habitants de Thèbes-Ouest qui sont capables de tout et qui auraient pu voler ses bijoux ! J'ai enquêté discrètement. Personne n'a pu m'indiquer une piste sérieuse...

– Si tu t'étais confié à moi, nous aurions déjà abouti, répondit le roi. Plus le temps passe, plus nous tarderons à retrouver la reine. Mes hommes sont efficaces. Ma police surveille les faits et gestes de tous les Thébains. Rien ne lui échappe. Ton silence nous a fait perdre des jours précieux !

Le roi s'interrompit quelques instants.

– Qui me dit que tu parles franchement ? ajouta-t-il. N'est-ce pas encore une ruse de ma tante ? Elle a si bien su manœuvrer Senmout pendant des années... Tu l'aimes assez pour accomplir ses moindres caprices. Elle échapperait ainsi à ma vengeance et elle vivrait en toute impunité, prête à reprendre le trône d'Égypte dès que je partirais guerroyer...

– Ainsi donc tu avoues que tu avais l'intention de te venger d'elle et de ses amis.

– Ce ne sont là que des mots. Ma tante a usurpé le trône d'Égypte. Elle méritait bien une leçon ! Mon père m'a dédié le pouvoir. Hatchepsout devait se contenter d'être régente. Elle n'en a pas moins pris le titre de pharaon à mon détriment !

Le rival d'Hatchepsout

– L'Égypte est prospère, se contenta de répondre le cocher. Elle n'a pas mécontenté les dieux.

Thoutmosis III l'observait sans croire à sa version des faits. Il trouvait ce récit très étrange.

– Reste à ma disposition, dit-il. Ne quitte pas ta maison. Je vais placer de fins limiers sur cette affaire.

V

Le pharaon fit aussitôt procéder à une fouille complète du temple. Il attendit les résultats et finit par regagner le palais, découragé. Aucun élément, aucun objet ne permettait de prouver la mort d'Hatchepsout. « Elle me joue encore un tour dont elle a le secret… », se dit-il.

Le lendemain, toute la police de Thèbes fut mobilisée. Le pharaon fit un discours du haut du balcon d'apparition et se montra extrêmement ferme.

– Tout repose sur vos épaules, par Horus, conclut-il. Je dois partir au plus vite. Tout dépendra de vos recherches et de leurs conclusions. Le corps d'une reine-pharaon ne disparaît pas facilement.

– À moins que son père divin Amon ne soit venu l'enlever à notre insu, plaisanta l'un des policiers sans prendre garde au ton de sa voix.

Le roi ne releva pas cette impertinence mais il énonça ses propres hypothèses.

– Sans doute a-t-on voulu voler les bijoux de la reine. Son cocher m'a affirmé qu'elle s'était parée avant de gagner son temple. Elle constituait donc une proie pour bon nombre de voleurs. Si vous

Thoutmosis

retrouvez l'un de ses bijoux, vous tiendrez certainement le coupable !

Le chef de la police lui demanda aussitôt un rapport détaillé des objets qu'Hatchepsout portait sur elle.

– Elle avait choisi ses plus belles parures, dit le roi. Celles qu'elle mettait lors des cérémonies officielles. Vous les connaissez toutes. Voyez avec sa femme de chambre. Elle vous les décrira mieux que moi.

Le chef de la police s'avança dans la cour et reprit la parole. Il haussa la voix et articula très distinctement pour se faire entendre de tous.

– Je trouve cette affaire très curieuse. À moins d'être totalement stupides, les voleurs savaient pertinemment qu'ils ne pourraient pas revendre ces bijoux facilement. Tous les Égyptiens les connaissent...

– Le crois-tu vraiment ? demanda le roi. Les Égyptiens du Nord voyaient rarement la reine lors des réceptions. Peut-être les voleurs comptent-ils passer la frontière... Peut-être même sont-ils des étrangers... Ces bijoux sont peut-être déjà fondus.

– Dans ce cas, nous aurons bien du mal à retrouver un tel trésor.

– N'oublie pas que tu ne cherches pas des trésors mais le corps d'une reine ! Le reste importe peu... Si nous retrouvons ces bijoux, je les ferai placer comme il se doit auprès de ma tante dans sa tombe de la Vallée. Sinon, son coffre regorgera de pierres précieuses, de colliers et de bracelets qui la combleront dans l'Au-Delà.

Le rival d'Hatchepsout

Quand les policiers se furent retirés, le roi harangua l'embaumeur et ses associés.

– Dès que nous aurons retrouvé Hatchepsout, je veux que l'embaumement ait lieu dans les meilleurs délais. Qu'il nous en coûte une fortune, peu importe ! L'Égypte est prospère et peut offrir des funérailles et une momification prestigieuse à ses pharaons sans qu'il soit nécessaire d'y passer plus de temps que de raison.

Le vieil embaumeur, qui avait la réputation d'avoir des doigts de fée, des gestes précis et rapides et des connaissances exceptionnelles en médecine, acquiesça.

– Afin de ne pas perdre de temps, mes fils et moi allons rassembler les aromates dont nous aurons besoin, la cire pour boucher les orifices du corps, le natron, les instruments qui nous permettront de retirer les viscères et de les placer dans des vases canopes.

– Es-tu sûr d'avoir tout ce dont tu auras besoin ? s'inquiéta le pharaon.

– Absolument, maître ! Sauf peut-être de la résine de qualité...

– Comme celle qu'Hatchepsout a fait venir de la région du Pount...

– Par exemple. Mais une résine de qualité inférieure ferait l'affaire... J'aurai aussi besoin de myrrhe...

– Dresse la liste de tout ce qu'il te faut. Tu la donneras au scribe de la Grande Épouse royale Méryrêt qui t'aidera. Tu lui préciseras l'endroit où tu te procures habituellement de tels produits ou de tels

Thoutmosis

parfums. Nous irons les chercher là où tu l'indiqueras. Mes coursiers peuvent filer comme l'éclair.

Méryrêt vint rejoindre son époux à la fenêtre d'apparition. Elle aimait se montrer à ses côtés pour rappeler à tous qu'elle restait la première dame du pays. Les femmes en étaient jalouses et priaient les dieux d'accorder longue vie, santé et force à Pharaon, oubliant souvent la Grande Épouse.

L'embaumeur se retira à son tour, cédant sa place au chef de chantier Djéhouty.

– Bien, Djéhouty ! dit Pharaon. Avant de me servir fidèlement, tu as travaillé avec Senmout qui a dressé les plans du temple d'Hatchepsout. Tu as dirigé tes hommes sur les chantiers des tombes de Senmout et d'Hatchepsout. Que voulait donc la reine ? Souhaitait-elle être enterrée dans la même vallée que son père Thoutmosis Ier ? Préférait-elle cette vallée éloignée où elle fit autrefois creuser sa première tombe si proche de celle de sa fille Néférou-Rê ? Je sais qu'elle aimait rendre visite à sa fille et lui parler, faisant avec ses gardes le long chemin du fleuve jusqu'au tombeau chéri. Que penses-tu de tout cela ?

– Pharaon vénéré, Astre de l'Égypte, répondit Djéhouty en sachant qu'il révélerait au roi des éléments qu'il ne supporterait pas d'entendre, la divine Hatchepsout voulut tout d'abord être enterrée dans cet endroit isolé que tu viens d'évoquer, là où se trouve le corps de Néférou-Rê. Mais elle renonça à cette idée lorsqu'elle devint Pharaon...

84

Le rival d'Hatchepsout

Djéhouty s'interrompit. Il se rendait compte que ses propos risquaient de blesser le roi.

– Ou plutôt lorsqu'elle devint reine, rectifia-t-il.

– Tu peux dire « pharaon ». N'est-ce pas le titre qu'elle s'était donné ?

– Elle estimait que cette tombe n'était pas digne d'un pharaon. Aussi avait-elle choisi le cirque de Deir el-Bahari pour faire bâtir son temple de millions d'années et la vallée qui le domine pour y faire creuser sa tombe...

– Qu'en est-il de cette tombe ? Des travaux ont-ils été effectués pour la terminer ?

– Cette tombe est longue et profonde, expliqua Djéhouty. Elle se trouve dans la Vallée où a été enterré Thoutmosis Ier. L'entrée est située en haut de la falaise de Deir el-Bahari. Hatchepsout voulait que la salle funéraire arrive sous son temple de millions d'années. Mais nous avons rencontré des obstacles si bien que le tracé de la tombe a été modifié.

– Tu me feras porter des plans précis sur les travaux qui ont été faits et sur ceux qui restent à faire...

– Il est très difficile de creuser à l'intérieur de cette tombe car l'air y est irrespirable. Les ouvriers perdent l'esprit. Ils ont parfois besoin d'air et s'évanouissent. Nous devons les ramener à la surface le plus vite possible. Certains sont morts en creusant. Les peintres et les dessinateurs suffoquent en accomplissant leur minutieux travail et se plaignent des conditions dans lesquelles ils travaillent...

– Hatchepsout savait tout cela. Comment réagissait-elle ?

Thoutmosis

– Elle ne voulait rien entendre. C'était l'emplacement qu'elle avait choisi et elle ne tolérait aucune excuse, ce qui ne lui ressemblait guère.

– Il serait donc naturel de l'enterrer en ce lieu.

Djéhouty se montra réticent. Il rappela au pharaon combien le couloir de la tombe était difficile d'accès, tous les dangers que représentait la reprise des travaux. Mais le roi ne voulut rien entendre. Il était convaincu qu'il se montrerait populaire en donnant à Hatchepsout ce qu'elle avait toujours désiré pour sa vie future, la plus importante, celle qui la conduirait auprès de Rê. C'était peut-être une manière de rattraper son acharnement contre les courtisans de la reine.

– Tu me brosses là un tableau décourageant, dit-il à Djéhouty. Rien n'est impossible à un pharaon. Nous préparerons la tombe d'Hatchepsout pour que je puisse y pratiquer l'ouverture de la bouche et déposer son sarcophage dans la chambre funéraire. Si la décoration n'est pas tout à fait achevée, tu surveilleras les finitions après mon départ pour la guerre.

– Il y a cependant un autre détail, ajouta Djéhouty en se courbant.

– On dirait que tu n'oses parler…

– En effet car je suis persuadé que cette précision va te contrarier.

– Allons donc ! Nous avons tout dit ! Accomplis mes ordres.

Djéhouty comprit qu'il était inutile d'insister. Lui qui avait pris le parti de Thoutmosis III avant la

Le rival d'Hatchepsout

disparition d'Hatchepsout se félicitait en ce jour d'avoir fait le bon choix. Il se contenta de se prosterner sur le sol et de faire signe à son scribe de plier ses papyrus. L'entretien était terminé. Il ne lui restait plus qu'à exécuter les ordres du roi. « Il vaut peut-être mieux que le roi ne sache pas qu'Hatchepsout souhaitait être enterrée à côté de son père Thoutmosis Ier. Il ne supporterait pas de les savoir unis dans ce tombeau pour l'Éternité. Remettons à plus tard ces précisions puisque le roi lui-même ne veut pas les entendre. Un autre que moi aura sans doute la douloureuse tâche de les lui apprendre. »

VI

Pendant les jours qui suivirent, une partie de la Vallée de Thèbes-Ouest se transforma en véritable chantier. Djéhouty avait regroupé tous les ouvriers qu'il avait pu trouver. Il avait mobilisé les artistes du village des artisans qui se trouvait non loin du lieu où étaient enterrés les rois et leur avait expliqué qu'ils étaient contraints de reprendre l'aménagement de la tombe abandonnée.

Quand son adjoint descendit au village pour choisir ceux qui passeraient les premières journées dans la Vallée tandis que les autres les remplaceraient au bout d'une décade, Djéhouty reçut une pétition signée de l'ensemble des ouvriers.

– Je me doutais bien qu'ils n'accepteraient pas facilement de retourner dans cet antre dépourvu d'air. Trop d'hommes y sont tombés malades, dit-il à son fidèle conseiller Petrou.

– Ils paraissaient pourtant heureux de travailler de nouveau pour Hatchepsout.

– Hatchepsout est la descendante d'Ahmès-Néfertari qui a créé ce village. Ils honorent Ahmès comme une déesse. Ils sont donc contents de servir Hatchepsout. Mais ils ne veulent pas en mourir.

Thoutmosis

– Nombre d'architectes et d'ouvriers ont péri dans les pyramides en même temps que leurs maîtres...

– Ce temps est très lointain. Vois-tu, Petrou, lorsque Hatchepsout a abandonné la construction de sa première tombe pour s'en faire construire une à côté de son temple de millions d'années, j'ai été aussitôt informé par Senmout.

Petrou parut s'en étonner.

– Eh oui ! Senmout était alors mon ami et mon complice. Nous travaillions ensemble. Il était architecte alors que j'étais chef de chantier. Nous avions tous deux longuement travaillé dans la première tombe d'Hatchepsout, un travail épuisant au fin fond de la Vallée là où a été enterrée Néférou-Rê.

– Tu n'as pourtant jamais apprécié Senmout...

– Au contraire, je le trouvais compétent et efficace. Mais la gloire lui est montée à la tête. Il est devenu suffisant et présomptueux. Même Hatchepsout lui reprochait son orgueil et ses ambitions !

– Tu as dû regretter le travail effectué...

– Toute mon équipe était lasse et déçue. Je crois que nous avions correctement travaillé. Le fait qu'Hatchepsout abandonne l'idée d'être enterrée là où nous avions œuvré si dur fut pour nous une déception. Mais nous nous sommes pliés à ses volontés. Senmout m'a emmené dans le cirque de Deir el-Bahari pour me faire découvrir l'endroit où Hatchepsout souhaitait voir construire son temple. Sous ce temple devait être creusée sa tombe.

– Pourquoi me racontes-tu tout cela, maître bien-aimé ?

Le rival d'Hatchepsout

– Parce que les ouvriers ont alors redouté qu'Hatchepsout n'eût les mêmes exigences que certains de ses ancêtres. N'allaient-ils pas être sacrifiés après avoir achevé la tombe de la reine ? Hatchepsout voulait que l'emplacement de ce tombeau fût gardé secret. Le seul moyen d'y parvenir était de condamner à mort tous ceux qui avaient travaillé dans la tombe et y avaient déposé des pièges contre les profanateurs.

– Qu'as-tu fait pour les rassurer ?

– Je ne savais pas quel était le but d'Hatchepsout. Senmout en parla à la reine. Elle promit d'épargner les artisans qui se réjouirent et qui, dès lors, travaillèrent avec enthousiasme dans la Vallée.

– Tu veux sans doute me faire comprendre que les artisans sont toujours fiers de travailler pour leur pharaon à condition qu'ils n'en perdent pas la santé.

– Ce sentiment n'est-il pas humain ? Peut-on les en blâmer ?

– Certainement pas, maître, et je comprends la réaction des ouvriers des tombes. Mais cela ne résout pas ton problème car il te faut des ouvriers pour avancer les travaux.

– Je vais tenter de les convaincre, soupira Djéhouty. Je les sais exigeants. Ils sont fiers d'être les meilleurs artisans en Égypte et comprennent qu'ils nous sont indispensables. Leur valeur leur donne bien des droits !

Djéhouty aurait préféré s'attarder dans sa maison dont il ne profitait guère. Il n'avait plus l'âge où il surveillait les travaux du temple d'Hatchepsout.

91

Thoutmosis

Malheureusement, le pharaon tenait à se reposer sur lui. Il lui avait conseillé sans succès de s'entourer de nouveaux architectes de talent formés par ses soins.

Djéhouty but une coupe de vin frais qu'un ami lui avait rapporté de Grèce puis il réclama sa tenue de travail, une tunique plus courte et des sandales moins sophistiquées qui lui permettaient de marcher dans la poussière avec plus d'aisance.

– Je ne sais si je rentrerai ce soir, dit-il à Petrou.

– Tu ne dîneras pas à Thèbes ?

– Peut-être pas. Tout dépend des négociations. Si les artisans se montrent intraitables, il me faudra trouver un terrain d'entente. Dans ce cas, il est possible que je reste à Deir el-Medineh chez un ami. Si je trouve une solution, je devrai passer au palais pour parler au roi. Je ne rentrerai que très tard dans la nuit.

– Je donnerai des ordres en conséquence.

Laissant sa magnifique demeure des bords du Nil située à Thèbes même, Djéhouty traversa le fleuve et gagna sans attendre le village niché à Deir el-Medineh. « Je sens qu'ils vont encore me causer des tracas, se dit-il. J'espère au moins qu'ils n'ont pas occupé les temples pour manifester leur mécontentement. Pharaon ne le supporterait pas. Il enverrait le vizir les punir et nous ne serions pas près de reprendre le travail de la tombe d'Hatchepsout ! »

À moitié dans l'ombre, le village des ouvriers paraissait plus animé qu'à l'ordinaire. Les ouvriers n'avaient pas envahi le temple d'Ahmès-Néfertari divinisée. Ils se tenaient debout devant le pas de

Le rival d'Hatchepsout

leur porte. Leurs femmes les approuvaient tandis que leurs enfants, énervés par les cris, pleuraient bruyamment.

— Je suis soulagé de les voir encore ici, dit Djéhouty en faisant ralentir son char. Mais rien n'est gagné ! Ils ont leur mine des mauvais jours. La partie va être serrée !

Quand ils virent Djéhouty arriver avec une escorte, les artisans se détournèrent pour se concerter. Ils paraissaient comploter dans leur coin. Parlant bas, ils jetaient de furtifs regards vers le chef de chantier qui mettait pied à terre. Semblant avoir enfin pris une décision, ils se dirigèrent vers lui en rangs serrés. Deux d'entre eux, connus pour la qualité de leurs dessins, lui affirmèrent tout net qu'ils refusaient de travailler dans la tombe d'Hatchepsout.

— Nous refusons même d'en discuter, dirent-ils. Nous y avons beaucoup réfléchi. Il n'y a pas de solution. Nous honorions la reine. Aussi avons-nous longuement délibéré cette nuit pour la contenter. Malheureusement, le souvenir des jeunes artistes qui suffoquaient à l'intérieur de ces passages étroits et profonds ne nous laisse augurer rien de bon. Si les plus jeunes d'entre nous ne peuvent rester dans ces couloirs et supporter le manque d'air, comment des artisans âgés s'y rendront-ils sans risquer de partir pour le domaine d'Osiris ? Les ouvriers ne souhaitent pas mourir. Ils sont prêts à tout, Djéhouty, tu le sais mieux que personne. Mais ils ont une famille dans ce village et ils ne comptent pas la laisser seule dans ce monde !

Thoutmosis

– Je vous croyais assez courageux pour sacrifier votre vie pour Pharaon, dit Djéhouty. La reine était indulgente et généreuse. En souvenir de sa bonté, vous pourriez faire un effort… Les dieux vous le rendraient !

Les artisans passèrent en revue tous les désagréments qu'ils rencontreraient. Ils conclurent finalement qu'ils ne parviendraient pas à achever la tombe avant plusieurs mois même en y mettant de la bonne volonté.

– Le roi va prendre de graves sanctions contre tous ceux qui seront récalcitrants, insista Djéhouty. Je vous aurai prévenus ! Je ne peux rien faire d'autre. J'ai longuement expliqué à Pharaon les difficultés et les obstacles que nous allions rencontrer. Sa décision est irrévocable. Je dois donc lui obéir et vous aussi. Si vous refusez, vous serez châtiés et moi aussi…

– Si nous faisons grève et si tous les artisans refusent de se rendre dans cette tombe, Pharaon sera impuissant ! Nous avons entrepris d'autres tombes magnifiques. Que la divine Hatchepsout repose dans l'une d'elles ! Puisque le roi ne t'écoute pas, nous allons nous adresser au vizir !

– Je vous le déconseille, répondit Djéhouty. J'ai plus d'influence auprès du roi que le vizir de cette région. Faites-moi confiance. Je vous promets que nous travaillerons en toute sécurité. Nous avancerons efficacement et ferons l'essentiel pour les funérailles de la reine. Ensuite, nous parachèverons tranquillement la décoration sans prendre de risques. Vous serez peut-être fatigués mais vous

Le rival d'Hatchepsout

ne tomberez pas malades. Je vous promets en échange de remarquables dons. Votre nom sera gravé à jamais sur les murs en souvenir de votre exploit. Vous entrerez dans la postérité. Dans des centaines d'années, des Égyptiens liront votre nom prestigieux en rappelant votre réussite. Vous entrerez dans l'histoire de ce pays. Votre nom et votre profession seront liés à jamais aux titres de Pharaon. Je vous envie. Si j'avais un fils, je l'inciterais à vous accompagner sans réserves. Quelle joie ce serait pour lui ! Quelle gloire nous en tirerions dans notre famille !

Djéhouty savait trouver les mots justes, ceux auxquels des artistes étaient sensibles. Leurs femmes se rengorgèrent. Elles les encouragèrent. Le chef de chantier sentit qu'il avait gagné la partie.

– Djéhouty a raison ! clama l'une d'entre elles qui avait l'habitude de donner son avis en public. Vous n'êtes que des enfants mous et faibles ! Vos ancêtres n'auraient jamais refusé une telle tâche ! Qu'êtes-vous donc devenus ? Vos fils se moqueront de vous si vous manquez de courage et renoncez à ce projet !

Une autre femme, plus modérée, les incita, au contraire, à rester au village. Mais elle n'avait pas le ton persuasif de la première.

– J'irai moi-même si mon mari refuse ! ajouta-t-elle en s'emparant d'une pioche. Ainsi, ce ne sera pas son nom qui sera gravé dans la pierre mais le mien !

Toutes les femmes donnèrent bientôt leur avis dans un brouhaha général que Djéhouty encouragea.

Thoutmosis

– Nous sommes d'accord avec toi, dit finalement une épouse plus âgée au chef de chantier. Si nos maris ne se sentent pas capables de creuser cette tombe, nous le ferons nous-mêmes ! Donne-nous tes ordres. Je suis l'une des femmes les plus vieilles de ce village et je veux montrer l'exemple !

Djéhouty se garda bien de sourire de peur de l'irriter.

– Hélas ! il me faut des bras forts et endurants. Les tiens ne suffiraient pas à polir les parois de la tombe.

– Comment ! J'ai porté toute ma vie des fardeaux que les ânes refusent de transporter ! J'ai frotté le linge dans l'eau du Nil ! J'ai mis six enfants au monde ! Mon mari n'en ferait pas tant !

– J'admire ton courage, Égyptienne, lui dit Djéhouty. Les dieux nous ont créés ainsi : les hommes sont souvent plus forts que les femmes. Si vous parvenez à convaincre vos maris, vous aurez accompli l'essentiel et je vous promets que Pharaon saura vous le rendre au centuple !

Elles allèrent elles-mêmes chercher les outils et en firent un tas informe.

– Seuls les scribes ont le droit de distribuer ces outils, leur rappela Djéhouty en montrant un visage plus sévère.

– Eh bien, où sont-ils tes scribes ? Qu'ils fassent leur inventaire et donnent leurs pioches et leurs seaux !

Djéhouty attendait un signe des responsables d'équipes.

– Nous sommes d'accord, dirent-ils finalement, vaincus.

Le rival d'Hatchepsout

Le scribe qui avait accompagné Djéhouty et qui était resté sagement à l'écart, s'assit en tailleur devant la maison du chef d'équipe et examina les outils les uns après les autres.

– Djéhouty, nous perdons beaucoup de temps, dit l'une des femmes. Ces outils n'ont pas été touchés depuis qu'ils ont été rangés. Un scribe les avait déjà examinés avant de les mettre à l'abri.

– C'est la règle, répondit Djéhouty. Rassure-toi. Nous allons accomplir au plus vite cette simple formalité.

Les artisans avaient déjà oublié leur mécontentement et le dur labeur qui les attendait. Emportant leurs outils chez eux, ils se hâtèrent de faire bombance, chantant volontiers sous les étoiles, puis ils se couchèrent tôt. Le village retrouva son silence habituel. Seul un animal grattait le sol de temps à autre en tirant sur la corde qui le retenait à un arbre ou à un pieu.

Djéhouty rentra très tard dans son domaine. Petrou avait tenu à l'accueillir.

– Je t'ai fait préparer une bouillie, maître, lui dit-il. Comment tes tractations se sont-elles déroulées ?

– Bien, par Horus ! Je vais remercier les dieux dès maintenant en leur adressant des prières. Sans eux, je doute qu'une Thébaine ne se soit levée pour me soutenir. Après son discours, toutes les femmes du village ont pris mon parti en traitant leurs maris de poltrons !

Ils en rirent tous deux et burent de la bière jusqu'au petit jour en se racontant des histoires drôles.

Thoutmosis

– Maître, sais-tu ce qu'est devenue Hatchepsout ? demanda Petrou avant qu'ils ne se séparassent.

– Non, répondit Djéhouty, pensif. J'avoue que cette disparition m'étonne et m'inquiète. Hatchepsout n'a jamais été une femme comme les autres. Elle n'a jamais agi comme les autres Égyptiennes. On peut s'attendre à tout de sa part.

– Et si elle vivait encore ? Si elle tentait de renverser Thoutmosis III ?

– Nous pourrions faire préparer notre propre tombe car elle ne me pardonnera jamais de l'avoir trahie ! J'ai soutenu son neveu devant elle après l'avoir servie ! C'est suffisant pour finir aux crocodiles ! Je serais sans doute l'une de ses premières victimes !

Ils restèrent tous deux face à face sans parler, réfléchissant à la vengeance de la reine.

– Il y a pire encore ! avoua Djéhouty. Je n'ose imaginer la réaction de Thoutmosis III quand il comprendra que nous creusons la tombe de son grand-père. Hatchepsout souhaitait se faire enterrer près de son père. Thoutmosis ne l'acceptera jamais !

– Et que fera-t-il donc ?

– Je n'en sais rien. J'exécute ses ordres et refuse de m'interroger à ce sujet.

VII

Dès le lendemain, les ouvriers habitant à droite de la voie principale du village rassemblèrent leurs outils et s'emparèrent des provisions préparées par leurs épouses, du pain, des galettes et des olives.

Djéhouty avait préféré revenir au village pour éviter d'ultimes représailles.

– Vous arriverez lorsque le soleil sera encore faible. Il se lève à peine. Aussi ne vous attardez pas en chemin. Vos mules sont prêtes. Chargez-les !

Le responsable de l'équipe de droite s'étonna que Djéhouty ne les accompagnât pas.

– Tu ne nous a pas donné d'instructions... Nous n'avons même pas consulté les plans de la tombe !

– Ne vous inquiétez pas. Contentez-vous d'avancer jusqu'à la Vallée.

– Je vous retrouverai. Je dois, auparavant, faire un rapport à Pharaon pour lui parler de votre courage et de votre enthousiasme.

Il se retourna vers le scribe assis à terre en tailleur. Son papyrus déroulé reposait sur ses genoux. Il paraissait concentré sur son écriture et ne semblait pas gêné par la poussière qui l'entou-

Thoutmosis

rait. Les enfants qui couraient derrière un animal soulevaient parfois un nuage ocre qui l'enveloppait sans qu'il ne bougeât, gardant son sang-froid habituel. Petit, la peau presque noire, les cheveux bouclés taillés avec une frange courte, il soignait ses calames, en plaçait derrière ses oreilles, en imbibait d'autres d'encre.

– Voilà le tas d'outils, dit Djéhouty. Comme d'habitude, le scribe indiquera une nouvelle fois très précisément ceux que vous avez pris, pioches, pelles, seaux... Vous en êtes responsables. Le fait de travailler dans la tombe de la vénérable Hatchepsout ne vous dispense pas de vos obligations habituelles. Si vous détériorez ces outils, vous devrez les remplacer à vos frais. Si vous en volez un, il vous faudra l'acheter avec votre salaire.

– Nous savons tout cela, Djéhouty, l'interrompit le chef d'équipe. Mieux vaut agir vite pour que nous n'ayons pas à grimper cette colline sous les rayons brûlants de Rê !

– Tu as raison. Allons ! Mettez-vous en rang et prenez ces outils ! Et toi, note tout très consciencieusement.

Comme toutes les épouses écoutaient les mises en garde de Djéhouty, le chef de chantier les rassura.

– Est-ce bien à toi de nous parler ainsi, ironisèrent-elles. Nos maris ne voulaient pas partir pour la Vallée ! Nous les y avons encouragés. Nous aurions droit nous aussi à faire partie de l'équipe. Combien de fois avons-nous aidé nos maris à déblayer les pierres encombrant les tombes !

– Je le reconnais. Mais il s'agit là d'un travail

Le rival d'Hatchepsout

pénible. Je préfère que vous restiez au village. Qui s'occuperait de vos enfants en votre absence ?

– Les nourrices ! Les servantes ! Allons, Djéhouty ! Donne-nous des directives… Nous les exécuterons avec plaisir !

Comme il les savait têtues, le chef de chantier ne voulut pas les décevoir.

– Je vous promets de recourir à vos services dès que nous aurons avancé les travaux. La décoration réclamera des doigts de fée. Peindre et dessiner tant de fresques mobilisera tous les artistes de notre village. Il faudra probablement faire venir dans la Vallée des peintres et des sculpteurs d'autres villes d'Égypte. Plutôt que d'introduire des étrangers dans la Vallée, Pharaon préférera choisir des femmes si elles souhaitent participer à ce labeur…

– Nous ne manquerons pas de te le rappeler…

– Vous pouvez aussi préparer des fruits qui donnent des forces, ajouta Djéhouty. Vos époux en auront besoin. Lorsqu'ils reviendront au village dans quelques jours, l'équipe de gauche prendra le relais. Plus vite le corps d'Hatchepsout sera retrouvé, moins nous aurons de temps pour achever cette tombe ! Travaillons le plus vite possible quoi qu'il arrive !

Tous l'approuvèrent. Bientôt le défilé de ces hommes chargés accompagnés de leur mule traversa l'allée centrale du village avant d'entreprendre l'ascension de la colline dorée derrière laquelle se trouvaient de nouveaux monts tous plus

Thoutmosis

désertiques les uns que les autres. Là se nichait la Vallée des Morts où étaient enterrés les derniers rois. Ainsi l'avait voulu Ahmès-Néfertari, l'épouse d'Ahmosis le premier pharaon de la dynastie.

Les ouvriers dormiraient sur place sous des tentes ou à la belle étoile. Djéhouty harangua encore leurs épouses.

– Ne les regardez pas partir avec cette tristesse dans les yeux. Ils reviendront glorieux et chargés d'or car Pharaon n'est pas un ingrat. Reprenez vos tâches ménagères et soyez confiantes !

– Oh, par Isis, ce n'est pas de la tristesse que tu lis dans nos yeux mais des regrets de ne pas grimper ces collines à leurs côtés !

– J'ai beaucoup d'admiration pour vous, leur dit Djéhouty. Sans votre intervention, je doute que vos maris auraient entrepris ce chantier.

– Qu'y auraient-ils gagné ? D'être punis par le roi ? De perdre le statut et le titre privilégiés d'artisan des tombes royales ?

– À coup sûr ! Votre clairvoyance les a aidés...

– Mais ils ne le reconnaîtront jamais !

Djéhouty éclata de rire. Il appréciait la franchise des femmes du village différentes des autres Thébaines, plus effacées. La plupart étaient grasses et vives. Elles chantaient souvent tard dans la nuit pour endormir leurs enfants ou participer aux banquets donnés par les hommes. Aucune tâche ne les rebutait. Leurs fils étaient courageux et toujours prêts à aider leur père.

« Tout me paraît en ordre, se dit Djéhouty. S'il venait à l'esprit de ces ouvriers, plus têtus que leurs

Le rival d'Hatchepsout

mules, de s'asseoir et de faire grève, ces Égyptiennes sauraient trouver les mots justes pour les remettre au travail ! »

Il se rendit dans les demeures des ouvriers de la partie gauche du village en les encourageant à préparer dès maintenant leur matériel.

– Nous gagnerons du temps. Je vais vous expliquer ce que je demanderai aux artisans qui viennent de quitter le village et ce qu'il vous restera à faire.

Il fit venir deux acolytes qui étaient restés à l'écart et que les habitants de Deir el-Medineh avaient pris pour des gardes.

– Nous allons nous placer dans le temple d'Ahmès-Néfertari et d'Aménophis,

Tous le suivirent sans dire un mot. Quand ils arrivèrent devant la porte du petit temple, un gardien le salua et lui ouvrit la porte. Djéhouty se plaça dans la cour et s'assit sur un tabouret que l'on déplia devant lui. Les autres s'installèrent à même le sol. Les plans furent dépliés devant les représentations murales des pharaons rendant des hommages aux dieux. Le temple était magnifiquement décoré de ces scènes vivantes, très colorées. Là, un pharaon tendait des offrandes à Amon ; là, il recevait sa titulature du dieu thébain. Partout étaient représentés des plats de victuailles, de fruits et de viande. Dans une pièce étaient alignées les principales divinités, le torse nu et le pagne transparent couvrant à peine leurs cuisses.

– L'entrée est déjà dangereuse, dit Djéhouty en parlant de la tombe de Thoutmosis Ier. Le cou-

103

Thoutmosis

loir est glissant et très pentu ! Nous avons essayé de dessiner quelques escaliers pour descendre plus aisément jusqu'à la chambre funéraire de Thoutmosis. Ils n'ont jamais été achevés. Je ne vous cacherai pas les difficultés, ajouta Djéhouty. Ce serait hypocrite de ma part. Sachez que ce travail n'est pas impossible mais qu'il réclamera courage et endurance.

Il rappela aussi les réticences des ouvriers de l'équipe de droite qui avaient finalement accepté le travail.

– Dès que nous atteignons le second corridor de cette maudite tombe, l'air manque. Il est difficile de respirer. Je vais donc tenter de faire creuser des puits d'air et de lumière. La première des tâches est de continuer à creuser la galerie le plus loin possible et de déblayer les gravats.

– La reine Hatchepsout voulait être enterrée dans la même chambre funéraire que son père. Elle lui a déjà donné l'un de ses sarcophages en granit alors qu'il avait été placé dans un cercueil en bois...

– Je n'en suis pas si sûr... Hatchepsout souhaitait sa propre chambre funéraire. Partager une tombe et une chambre funéraire est bien différent...

Son doigt suivait sur le plan le long corridor descendant sous la falaise de Deir el-Bahari.

– La chambre funéraire d'Hatchepsout est marquée d'une croix. Le premier plan que nous avions prévu était impossible à réaliser. Nous avons rencontré une roche trop dure. Il nous a donc fallu réviser notre trajet. La reine était informée. Elle avait approuvé notre second plan.

Le rival d'Hatchepsout

– C'est déjà une chance ! s'exclama le chef de l'équipe de gauche, doutant de la réussite de leur projet.

– Cette chambre devait être aménagée sous le sanctuaire d'Amon. Elle s'en rapprochera si nous continuons par là...

Tous se penchèrent au-dessus du papyrus étalé que tenaient quatre scribes attentifs.

– Quelle longueur ! Cette tombe n'en finit plus ! constata le chef d'équipe. La reine était ambitieuse...

– Elle ne voulait pas que l'on visitât sa tombe.

– Je crois bien que nous y mourrons tous !

– Je ne vais pas refaire le discours que j'ai tenu hier devant le village assemblé. Je vous promets de faciliter votre travail et de ne pas vous entraîner dans une catastrophe. Faites-moi confiance !

– Nous te connaissons depuis longtemps et nous admirons ton expérience. Nous voulons bien te suivre, finit par dire le chef d'équipe en parlant pour l'ensemble de ses ouvriers.

Tous approuvèrent en hochant la tête.

– Tentons ! Nous verrons bien...

– Je reviendrai vous voir juste avant le retour de l'autre équipe, dit Djéhouty.

VIII

Quand elle parvint enfin à l'entrée de la future tombe d'Hatchepsout, l'équipe de droite était harassée. Les ouvriers s'assirent au pied d'une colline et burent à grands traits. L'air était si chaud et si sec que les gourdes ne suffisaient pas. C'était la saison où le Nil s'apprêtait à déborder, l'époque la plus chaude. Les paysans attendaient désespérément la crue du fleuve et le mois de juillet. La veille, ils avaient jeté dans le fleuve quelques statuettes du dieu Hâpi afin d'obtenir ses faveurs. Ils languissaient au bord des chemins, attendant avec impatience la montée du fleuve, guettant aussi les étoiles qui leur feraient un signe. Car juste avant la crue du Nil apparaîtrait la plus lumineuse et la plus grosse des étoiles.

– Il fera encore plus chaud à l'intérieur de la tombe, soupira le chef d'équipe. Courage ! Que les dieux nous aident !

Tous s'épongeaient le front avec des serviettes rêches. Leur visage était rouge, leurs yeux brillants, cerclés de cernes noirs. Même les plus jeunes étaient éprouvés par la chaleur. Des rides profondes marquaient déjà les coins de leurs paupières, le

Thoutmosis

tour de leur bouche et le haut de leur figure basanée. La chaleur et la sécheresse avaient fait leur travail. Leurs cheveux noirs frisés étaient mouillés de sueur. Ils luisaient sous la lumière.

– Mangeons un peu même si nous n'avons pas faim, recommanda le chef d'équipe. Nous reprendrons des forces.

Ils dévorèrent quelques galettes de froment puis somnolèrent à l'ombre. Le responsable jugea bon de leur accorder un bon moment de répit avant d'ouvrir la tombe. Celle-ci avait été obstruée par un tas de pierres. Il était impossible de deviner qu'il existait un tombeau derrière cet amas informe.

– J'ai besoin de trois hommes pour dégager l'entrée, dit enfin le responsable.

Il choisit les plus lestes qui s'empressèrent de s'exécuter.

– Bien ! Je vais moi-même descendre dans le corridor. Je ne veux pas que vous preniez des risques.

Il descendit quelques marches mal dessinées en se tenant au mur.

– Ne restez pas penchés sur l'ouverture de ce trou, cria-t-il à ses hommes. Je ne vois rien !

Il remonta bientôt en soufflant très fort.

– Nous allons descendre en file en nous tenant à bonne distance les uns des autres. Si jamais l'un d'entre vous avait un malaise, qu'il informe immédiatement celui qui le suivra et ainsi de suite. Le dernier ira chercher des onguents et des potions dans le sac de secours. Avancez prudemment.

108

Le rival d'Hatchepsout

Tous les artisans s'engouffrèrent bientôt dans le corridor étroit. On n'entendit plus que leur souffle haletant.

– Impossible d'aller plus loin ! dit le chef d'équipe. Pourtant, le couloir continue mais il fait trop chaud. Des trous d'air ont été creusés dans la falaise. Il faudra les déboucher. Puisque nous sommes parvenus jusque-là, déblayons déjà toutes les pierres qui se trouvent sur le parcours. Formons une chaîne et que chacun les passe à son voisin !

À la lumière des torches, il tenta de lire plusieurs hiéroglyphes que la reine avait fait graver sur les parois. Des dessins étaient à peine achevés. La tombe paraissait vraiment abandonnée.

– Il est dommage que Thoutmosis Ier n'ait pas pour lui un tombeau mieux décoré. Il fut un pharaon respectable et risqua plusieurs fois sa vie pour sauver l'Égypte. Il mérite des couloirs et des corridors peints de nos plus belles couleurs et des dessins rappelant le livre de l'Amdouat afin d'être assisté dans sa vie dans l'Au-Delà. Il doit aussi être accompagné des divinités.

– Nous les peindrons, suggérèrent les ouvriers. Cette tombe n'est pas digne d'un pharaon.

Le chef d'équipe leur expliqua au fur et à mesure tout ce qu'il restait à faire. Oubliant les difficultés de leur mission et les odeurs nauséabondes qui émanaient des profondeurs, les artisans ne pensèrent plus qu'à travailler le mieux possible. Ils étaient habitués à donner le meilleur d'eux-mêmes et étaient considérés par les rois comme les plus habiles sculpteurs ou peintres de la région.

Thoutmosis

Quand ils ressortirent, le soleil s'était couché. Les monts encore dorés se découpaient dans le ciel gris. Autour d'eux, tout était tellement silencieux ! Seul un vautour tournait encore dans le cirque rocheux. Des fissures menaçantes découpaient les monts dans le sens de la hauteur, conséquences de pluies torrentielles mais rares.

– Préparons nos couvertures. Nous allons coucher au pied de cette colline. De l'autre côté, se trouve le temple d'Hatchepsout que Senmout et Djéhouty ont fait bâtir en bas de la falaise. Le soleil nous réveillera et nous pourrons commencer notre travail dès l'aube. Djéhouty nous rejoindra sans doute demain matin. Je veux qu'il soit fier de vous et qu'il fasse un rapport très favorable à Pharaon !

Malgré leur fatigue, les artisans plaisantèrent en cette fin de journée. Ils s'étaient assis en cercle et racontaient des blagues ou des histoires drôles. La plupart mangeaient des olives et du pain. Leurs rires résonnaient dans la montagne déserte. Parfois un éboulis se faisait entendre au loin ou dans la Vallée. Quelques mouches tenaces venaient les tarauder. Le vin eut raison de leurs forces. Ils s'allongèrent sur les couvertures en peau de chèvre un peu rugueuses et s'endormirent aussitôt.

À cette heure, les animaux, eux aussi, paraissaient assoupis. Les lions qui surgissaient parfois sur les cimes des monts et dont on entendait les rugissements effroyables avaient rejoint leurs tanières. La nature était l'unique reine de cette vallée solitaire éloignée de la partie cultivable de

Le rival d'Hatchepsout

Thèbes. Il suffisait pourtant de suivre une piste et de monter en haut d'une colline pour apercevoir au loin les premiers signes de vie, les champs asséchés qui attendaient l'eau du Nil, les palmiers qui secouaient leurs branches, les modestes maisons blanches au toit plat, les canaux qui couraient le long des chemins, le serpentin du Nil et, au-delà, les premières habitations cossues des Thébains.

Le chef d'équipe Shuroy s'endormit sans doute le dernier. Il veillait sur son équipe. Le ronflement discret des artisans le berçait mais il était trop excité par le but de son travail pour trouver le sommeil. « Quelle idée Hatchepsout a-t-elle eue de faire creuser sa tombe ici ? se dit-il. Et pourquoi Ahmès-Néfertari a-t-elle autrefois décidé d'ensevelir les pharaons dans cette vallée ? Les notables et les fonctionnaires ne sont-ils pas enterrés à côté de Deir el-Medineh et près du temple d'Hatchepsout ? Les désirs des princes sont parfois surprenants. Ils veulent protéger leur corps, leurs biens et leur vie dans l'Au-Delà… Rien de plus normal, mais les pilleurs de tombes ne viendront-ils pas un jour jusque-là ? N'emporteront-ils pas avec eux tout ce qu'ils trouveront ? N'ont-ils pas réussi à entrer dans les grandes pyramides ? »

C'est en méditant sur les décisions des grands du monde que Shuroy trouva enfin le sommeil et le salut de la déesse de la nuit.

Djéhouty arriva tardivement au palais car il avait tenu à discuter longuement avec les ouvriers. Satisfait de leur état d'esprit, il avait rassemblé son courage en jugeant le moment opportun pour parler

Thoutmosis

au roi de la tombe qu'Hatchepsout allait partager avec Thoutmosis Ier.

Le soleil disparaissait. L'air devenait plus frais. Les branches des arbres s'éveillaient. Leur frémissement rendait vie aux Égyptiens heureux de sortir enfin de chez eux. Les rues étaient plus bruyantes que dans l'après-midi. Les artisans vendaient des foulards et des coussins sur les marchés. Ils vantaient leurs épices et leurs fleurs, leurs petits bocaux à parfums et leurs boissons.

Djéhouty les regarda en souriant.

– Que les dieux leur accordent de rester Égyptiens et de ne jamais tomber aux mains de l'ennemi ! dit-il.

Des fillettes jouaient avec des balles et des cordes. De jeunes garcons tentaient de les faire tomber en tendant la jambe sur leur passage. Partout, des animaux étiraient leurs pattes engourdies par un long sommeil. Les chats, très maigres, se roulaient dans la poussière ou se léchaient. Les chiens reniflaient dans les coins, à l'affût d'un os ou d'un reste de viande.

Une foule bigarrée s'engouffrait dans la petite rue des chalands, goûtant des fruits secs. Les ânes n'y passaient plus qu'avec peine, bousculant parfois un étal en équilibre. Les femmes choisissaient dans de larges paniers d'osier des feuilles à infuser, les sentant de bon cœur.

Chaque commerçant discutait avec son voisin, prêt à l'abandonner dès qu'une Égyptienne s'approchait. Certains étaient assis sur un pliant et buvaient une boisson tiède. D'autres jouaient de la flûte.

Le rival d'Hatchepsout

Djéhouty laissa derrière lui le quartier populaire et gagna les belles demeures thébaines.

Il parvint à l'entrée du jardin royal. Deux gardes le saluèrent et l'autorisèrent à voir le roi qui se préparait à diner en écoutant des musiciennes. La tête légèrement inclinée sur le côté, les épaules vibrant au rythme des tambourins, il se laissait aller à somnoler.

— Assieds-toi et bois avec moi, dit-il à Djéhouty. Je savoure les derniers instants de paix avant la bataille !

— Maître, je suis satisfait des ouvriers. Malgré la difficulté des travaux, ils ont commencé à creuser et à nettoyer la tombe de Thoutmosis...

— La tombe de Thoutmosis ? demanda le roi en reprenant ses esprits. Que dis-tu là ? Je ne t'ai pas demandé de t'occuper de la tombe de mon grand-père !

— Si, Puissant roi, car c'est là qu'Hatchepsout souhaite être enterrée...

— Comment ! dit Thoutmosis III en se levant, le visage rouge de colère. La tombe choisie par la reine est celle de mon grand-père ?

— Je pensais que tu le savais, roi des deux Égyptes, mentit Djéhouty. Hatchepsout n'en faisait aucun mystère. Elle a toujours déclaré qu'elle voulait être enterrée non loin de son père chéri.

— Elle vénérait Thoutmosis, je le reconnais.

— Elle lui a donné l'un de ses sarcophages...

— Effectivement. Mais je ne pensais pas qu'elle avait gardé l'idée d'être ensevelie à côté de son père...

Thoutmosis

– Cette idée semble te tourmenter…

– Oui. Car j'estime qu'elle n'a pas offert au grand Thoutmosis Iᵉʳ une sépulture digne de lui. J'ai décidé de m'en charger. Je veux que mon grand-père ait un temple proportionnel à sa valeur et un tombeau magnifique.

– Tu ne respecterais donc pas les dernières volontés de la reine ?

– Si. Hatchepsout sera enterrée là où elle te l'a indiqué. Mais je n'y laisserai pas Thoutmosis Iᵉʳ.

– Hatchepsout tenait à vivre dans l'Au-Delà aux côtés de son père.

– Djéhouty, tu te répètes ! Je connais mieux que personne les ambitions de cette usurpatrice ! Je l'ai mise autrefois en garde et lui ai promis que mon grand-père serait choyé par mes soins. Je ferai édifier pour lui un temple qui commémore sa grandeur !

– Tu serais donc prêt à organiser des cérémonies funéraires pour son transfert dans une autre tombe ?

– Oui, si cela est nécessaire !

Le roi pensa soudain à ses obligations militaires.

– Je m'en occuperai dès que les dieux m'en donneront l'occasion…

Djéhouty salua bas le roi, le laissant de très mauvaise humeur.

– Attends ! dit encore Thoutmosis III. Avais-tu prévu de placer le sarcophage de la reine dans une autre chambre funéraire que celle de mon grand-père ?

– Bien entendu, répondit Djéhouty.

– Cela me rassure un peu…

IX

Thoutmosis III cachait difficilement son agacement. Bien qu'il fît bonne figure, il était très contrarié du choix qu'Hatchepsout avait fait : qu'elle soit enterrée près de son grand-père, le grand Thoutmosis Ier le mettait dans une effroyable colère.

– Comment a-t-elle osé ! s'exclama-t-il en se réveillant le lendemain matin aux côtés de son épouse Méryrêt.

Celle-ci ouvrait à peine les yeux et le prêtre attendait derrière la porte de la chambre le moment de venir souhaiter à Pharaon une bonne journée illuminée par Rê.

– Que se passe-t-il ? Tu t'es à peine assoupi cette nuit ! Redoutes-tu encore les peuples de l'Est ?

– Bien sûr ! Tout ce qui arrive est tellement normal ! Les dieux l'avaient annoncé ! Je l'avais deviné depuis longtemps. Comment notre entente avec ces peuples aurait-elle pu résister à leur ambition ? Avoir une femme à la tête d'un pays affaiblit cet État. Si ta mère n'avait pas usurpé le pouvoir, si elle était restée régente au lieu de me voler la direction de l'Égypte dans la septième année de mon règne, ces peuples nous redouteraient ! Au lieu de quoi, ils

Thoutmosis

se sont préparés à nous combattre, estimant qu'un pays dirigé par une femme est un État faible et perdu ! Comment Hatchepsout aurait-elle lutté contre eux !

– Tu exagères, dit Méryrêt en s'étirant et en couvrant son corps d'un voile de lin confectionné dans les ateliers royaux. Je n'apprécie guère ma mère mais reconnais qu'elle a combattu dès son jeune âge contre les Nubiens et qu'elle a mené quelques campagnes avec succès...

– Quelques campagnes ! Un moyen de faire oublier le triomphe que j'ai remporté en revenant de ces périlleuses contrées du Nord.

– N'avais-tu pas, toi aussi, une idée derrière la tête et ne comptais-tu pas montrer ta force et ton habileté au détriment d'Hatchepsout ?

– Bien entendu ! C'est là le meilleur moyen de faire comprendre aux soldats et au peuple qu'ils ont besoin d'un homme pour diriger le pays surtout lorsque celui-ci est menacé de toute part ! L'Égypte est prospère. On y vit bien. Quel peuple ne la convoiterait-il pas ? Or, je n'oublie pas que notre commerce dépend de notre bonne entente avec ces pays éloignés ! Les marins payent des taxes à l'Égypte pour débarquer et vendre dans certains ports. Nous avons nous-mêmes besoin des ressources des villes de Tyr ou de Byblos d'où nous rapportons le meilleur bois. L'invasion de la région de l'Est jusqu'à Babylone aurait dû inciter Hatchepsout a plus de jugement et de prudence. Mon grand-père Thoutmosis Ier avait déjà pressenti le danger. Il avait approché de l'Euphrate. Les manuscrits nous disent

Le rival d'Hatchepsout

aujourd'hui ce qu'il pensait de ces régions devenues dangereuses et peu fiables. Il avait mis en garde les fils qu'il formait à la chasse et au combat. Malheureusement, ceux-ci ont quitté cette terre trop tôt et mon pauvre grand-père n'a pas eu l'opportunité de préparer mon père Thoutmosis II à cette situation. Lui aussi est parti si vite...

Bien qu'elle jugeât son époux très injuste envers la femme-pharaon Hatchepsout qui s'était montrée remarquable de courage et d'audace, Méryrêt ne répliqua pas. L'eût-elle voulu que les paroles fussent restées sur ses lèvres. L'animosité qu'elle ressentait pour sa mère était loin d'être éteinte et elle avait appris son décès sans verser une larme.

– Hatchepsout recevait les chefs hittites et ceux du Mitanni. Elle était diplomate, disait-on. Eux envoyaient volontiers des espions au palais. S'ils avaient caché leurs ambitions et leurs objectifs sous Thoutmosis Ier et pendant le court règne de mon père, ils les affichent aujourd'hui avec morgue, ne redoutant pas notre armée ! Les messagers que j'avais envoyés au Mitanni sont revenus. Ils se montrent affirmatifs. Aucun doute sur les intentions de nos ennemis !

– Nos ennemis ?

– Oui car ils sont nombreux. Le chef de la ville de Qadesh a monté contre l'Égypte bien des peuples jusque-là passifs. Le roi du Mitanni a aussitôt répliqué qu'il se joindrait à lui. Plus de trois cents dirigeants se sont coalisés contre nous ! Ils veulent, prétendent-ils, détruire le pouvoir absolu de l'Égypte et prendre nos trésors !

Thoutmosis

– Ils souhaitent aussi étendre leur marché en Méditerranée et nous chasser définitivement ! S'ils réussissent, notre Égypte sera rasée !

Méryrêt se peigna lentement en se regardant dans un miroir serti de pierres précieuses. Malgré la situation dramatique qui menaçait le pays, elle devinait que Thoutmosis III était contrarié pour une autre raison.

– Viens-en au fait, lui dit-elle.

– Ne souhaitais-tu pas savoir ce que les divinités nous envoient ?

– Si, par Isis et Pakhet qui peut être aussi redoutable que généreuse et qui aidera les femmes dans cette terrible épreuve. Mais je sens, parce que je te connais bien, que tu es agacé par un événement étranger à celui-ci. Un tel danger te met en colère, décuple ta vigilance et ton ardeur. Jamais tu ne mets en doute le fait que tu l'emporteras...

– Tu as raison, dit le roi. Je suis tourmenté pour une autre raison. Hatchepsout souhaitait être enterrée au même endroit que Thoutmosis Ier. Elle adorait son père et prétendait qu'il voulait lui donner le pouvoir. Elle m'a maintes fois raconté leurs parties de chasse dans les marais. Elle les a même relatées sur son temple de millions d'années... Hatchepsout a toujours affirmé qu'elle vivrait sa vie dans l'Au-Delà près de son père, que son sarcophage serait placé à côté du sien. Elle a fait détruire son premier cercueil en bois pour lui en donner un plus conforme à ceux des autres pharaons. Thoutmosis Ier repose donc dans ce quartzite rose propre à la royauté.

118

Le rival d'Hatchepsout

– Oublierais-tu que Senmout a eu droit, lui aussi, à un pareil sarcophage ?

– Certainement pas, répondit Thoutmosis III en rougissant. Je ne l'oublierai pas tant que je n'y aurai pas remédié. Car je compte bien réparer les injustices et les actes inconsidérés d'Hatchepsout ! Accepter de placer des statues de cet homme dans le temple de Karnak, le temple du dieu Amon ! Faire dessiner sur les murs le visage de cet ancien paysan face à elle ! L'autoriser à aménager sa tombe près de son temple ! Si je n'avais pas été là, peut-être auraient-ils osé tous deux se faire enterrer au même endroit !

– Tu n'as pourtant rien dit lorsqu'on a évoqué cette tombe.

– Je ne savais pas qu'Hatchepsout voulait partager la tombe de Thoutmosis Ier. Elle avait bien émis cette hypothèse, il y a quelques années, mais je l'avais oubliée. Après les sous-entendus de ce maudit cocher qui prétendait que j'avais éliminé les courtisans d'Hatchepsout, j'avoue que mes pensées étaient ailleurs.

– Ce cocher ne disait-il pas la vérité ? demanda Méryrêt en lui faisant face et en enroulant ses cheveux épais au-dessus de sa tête.

– Le roi n'a pas à se justifier ni à rendre des comptes. Il agit toujours pour le bien de l'État.

– Et le sien, rétorqua Méryrêt.

– N'est-ce pas la même chose ? Je suis Horus d'or, adorateur du grand Dedoum vénéré par les Nubiens parce que j'ai ordonné de bâtir en son honneur un sanctuaire. Je suis le taureau de Thèbes, assisté des déesses Nekhbet et Ouadjit, symboles de

Thoutmosis

Haute et de Basse Égypte. Mon pouvoir durera éternellement. Je suis Menkheperrê, fils de Rê ! Thoutmosis Ier aura une sépulture plus digne de lui ! Je lui ferai creuser une tombe magnifique !

– Tu l'avais dit à Hatchepsout et ma mère t'avait répondu. Elle t'avait rappelé qu'elle était fille de Thoutmosis Ier et qu'il n'était que ton grand-père alors que tu te recommandais sans cesse de lui. Elle avait raison ! Ne sépare pas le père et la fille qui étaient si proches de leur vivant !

Thoutmosis III refusait de discuter cette question avec son épouse. Il convoqua ses plus fidèles amis et conseillers et les retrouva en toute simplicité dans son salon privé autour d'une boisson fraîche.

– Tu connais la situation dans laquelle se trouve l'Égypte, dit-il à Sini, le vice-roi du Sud qui avait succédé à un honorable fonctionnaire. Mon père t'avait choisi pour assumer cette fonction et il a eu raison. Je me suis toujours félicité de ton travail. Je vais avoir grand besoin de toi car je serai certainement absent de ce pays pendant plusieurs années. Tu es témoin que j'ai rendu hommage aux dieux, notamment aux divinités nubiennes. Je t'ai ordonné de construire des temples pour elles.

– Tu t'es comporté, très grand roi, en digne successeur de...

– d'Hatchepsout ? Ta remarque m'étonne ! Tu as servi sous son règne mais tu m'as toujours préféré !

– Je n'allais pas prononcer son nom. Je pensais plutôt à Ahmosis le libérateur de l'Égypte, celui qui a repoussé les envahisseurs venus du Nord...

Le rival d'Hatchepsout

– Ceux qui sont précisément la cause de nos maux actuels. Car ce sont ces hordes sauvages qui se sont installées à Babylone et entre les fleuves du Tigre et de l'Euphrate. Ce sont elles qui menacent aujourd'hui notre pays ! Ces brutes ont créé des royaumes nouveaux et puissants ! Ne mésestimons pas la force des Hittites et les armées du Mitanni. Leurs soldats sont nombreux !

Le pharaon tint aussi à donner de nouveaux titres à ceux qu'il appréciait et dont il aimait s'entourer.

– Nibouy, je veux que tu conserves ta charge de grand prêtre mais j'ai décidé de te changer de temple.

Nibouy se redressa. Il espérait depuis de longues années la direction du clergé de Karnak.

– Je sais ce que tu convoites, lui dit le roi. Mais je te demanderai d'être patient. Je crains pour ta vie en te plaçant à la tête du clergé d'Amon dans le temple de Karnak. Hatchepsout y avait des hommes entièrement acquis à sa cause. Elle se disait fille d'Amon et ils encourageaient ses démarches. Ces hommes sont encore en place aujourd'hui. Je doute qu'ils me portent dans leur cœur. Tant que je ne connaîtrai pas leur opinion, je ne prendrai pas le risque de te placer dans un guêpier.

– Mais tu n'as qu'à renvoyer tous les membres du clergé et les placer à d'autres postes, loin de Thèbes.

– Je pourrais le faire, lui rétorqua le roi.

Le grand prêtre était plutôt petit et maigre. Il était habitué à se montrer obéissant, voire servile. Il avait donné à Thoutmosis III tant d'informations sur les clergés favorables à la reine Hatchepsout que le roi voulait le remercier de son aide.

Thoutmosis

– Tu seras peut-être un jour grand prêtre de Karnak. Aujourd'hui, je veux que tu sois grand prêtre d'Abydos, ce qui est presque aussi prestigieux car tu devras chérir Osiris, le dieu des morts, l'époux d'Isis, celui que la déesse a ressuscité malgré l'œil noir de Seth.

Le regard du prêtre s'illumina. Il promit d'être à la hauteur. Le vizir du Nord s'avança sur un geste du roi tandis que le prêtre se relevait.

– Mon ami, dit le roi en contemplant la haute stature de Oazer. Tu connais mieux que personne les animosités et les complots qui ont animé les temples d'Amon pendant le règne de ma tante. Tu m'as cependant été fidèle. N'ai-je pas raison de parler ainsi au grand prêtre d'Abydos ?

– Ta parole est d'or, Roi des deux Égyptes, approuva le vizir. J'étais scribe dans le temple d'Amon lorsque tu m'as honoré en me nommant vizir. J'avoue avoir quitté ce milieu tout dévoué à la reine avec un profond soulagement. Comme je m'occupais aussi des finances et de la gestion du temple, ma tâche était plus ardue encore. Parce qu'on connaissait mes idées et mon attachement à ton auguste personne, on tentait de me prendre en faute. On prétendait que je volais de l'argent alors que j'avais autrefois travaillé avec l'irréprochable Imhotep qui est aujourd'hui osiris parmi les osiris.

– J'aimais tant Imhotep. Il était presque un père pour notre famille. Il a enseigné bien des astuces à Thoutmosis II et vénérait mon grand-père plus que tout ! Toi aussi, Oazer, j'aurai besoin de toi car un

122

Le rival d'Hatchepsout

vizir remplace Pharaon en son absence. Mais je ne doute pas que tu seras à la hauteur !

– Les dieux m'aideront. Je les prierai chaque jour et déposerai pour toi des offrandes dans les temples.

– Dis-moi encore, ajouta le roi en murmurant presque. Comment a réagi l'ancien prêtre d'Amon en sachant que je reprenais le pouvoir seul ? Hatchepsout lui avait donné un titre important. Sa femme servait Hatchepsout à la cour.

– Nous n'avons plus trace de lui.

Avant de partir, Thoutmosis III souhaitait aussi faire quelque aménagement à Karnak. Il ne pouvait tolérer plus longtemps que figurent sur les murs des représentations d'Hatchepsout. Certaines fresques rappelaient que lors des fêtes de la Vallée Hatchepsout faisait l'encensement de la barque d'Amon sortie de sa chapelle rouge alors qu'il aurait dû l'exécuter à sa place. Il ne pouvait plus supporter de voir ces peintures où sa tante, fière et droite à la proue du bateau, conduisait son père Amon de l'autre côté de la rive du fleuve alors qu'il se tenait au fond du navire.

Aussi le pharaon prit-il la décision de passer une journée entière dans le temple d'Amon en quête du moindre hiéroglyphe et de la plus petite fresque rappelant le rôle d'Hatchepsout. Le roi se fit accompagner de Djéhouty, lequel lui montra les derniers aménagements qu'il avait faits en l'honneur d'Amon et des ancêtres de Pharaon, des piliers énormes, le mur d'enceinte, les pylônes, la cour hypostyle.

Thoutmosis

Le roi écouta avec attention la moindre description. Il appréciait ce travail monumental et soigné, ce mélange des couleurs, ce vert qui venait soutenir le bleu, ces formes inattendues à l'extrémité des colonnes.

Quand il pénétra dans la chapelle rouge du dieu Amon qu'Hatchepsout avait fait construire pour y déposer la barque divine, le roi serra les poings avec force. Il se contenait difficilement.

– Qu'on détruise immédiatement cet édifice ! dit-il.

– Maître, oublierais-tu qu'il est sacré et que le dieu Amon y réside toute l'année ? Sa statue a été purifiée quand Pharaon l'a fait sortir pour la fête de la Vallée. Où la placerons-nous ?

– Nous trouverons ! Mais je ne puis tolérer de voir encore debout cette chapelle entièrement recouverte de dessins à la gloire d'Hatchepsout ! Ma tante s'y est fait représenter pendant son couronnement et pendant ses démonstrations athlétiques. On la voit courir les attributs du pouvoir à la main ! Elle raconte comment elle a fait tailler et transporter les obélisques de Karnak ! Ah ! ces fameux obélisques, les plus grands de toute l'Égypte !

Le roi commençait déjà à donner des instructions précises sur la destruction de la chapelle. Le grand prêtre se précipita pour l'en empêcher. Il se plaça devant lui comme pour lui interdire de commettre un sacrilège.

– Si tu mets le dieu hors de chez lui, si tu touches à sa statue, ton règne sera maudit ! Tu périras ! Tous tes descendants mourront ! Jamais le dieu ne te le pardonnera !

Le rival d'Hatchepsout

– L'as-tu lu dans les arts divinatoires ? ironisa Thoutmosis III. Ou veux-tu encore protéger les œuvres de la traîtresse Hatchepsout ? Sache que ta maîtresse est partie pour l'Au-Delà ! Pourquoi ne prends-tu pas mon parti ? Tu pourrais en tirer bien des avantages !

Dans sa longue robe blanche en lin, le grand prêtre appela d'autres représentants du culte à la rescousse et tendit les bras devant le pharaon.

– Si tu franchis cette porte, les éléments se déchaîneront contre toi ! Tu perdras tout ton pouvoir !

Le roi marcha vers lui et ne tint aucun compte de ses conseils.

– Qu'on démolisse cet édifice ! Je veux voir à terre toutes ces briques à la gloire d'Hatchepsout ! Je ferai construire une autre chapelle pour Amon ! Quant aux obélisques, dit-il en se retournant vers le pyramidion des monuments dont l'électrum resplendissait sous le soleil, qu'on les fasse tomber. Ils se briseront d'eux-mêmes !

– Tu n'y penses pas, intervint Djéhouty. Ils détruiraient les monuments qui se trouvent à côté et qui ont été édifiés par d'autres rois ! Ces obélisques ne peuvent être détruits...

Le chef de chantier pensait avec angoisse aux journées de travail que les ouvriers avaient passées dans les carrières d'Assouan pour tailler ces obélisques gigantesques.

– Comment pourrais-je voir briller au sommet la scène de couronnement d'Hatchepsout ? soupira Thoutmosis III. Il faudra trouver une solution.

Thoutmosis

– Fais-toi élever les mêmes obélisques ou d'autres plus grands encore qui occulteront ceux d'Hatchepsout. On ne remarquera plus ainsi ces monuments de la reine. On ne verra plus que les tiens.

– Djéhouty, tu as toujours d'excellentes idées ! répondit Thoutmosis satisfait. Tu vas te charger de cette besogne !

Djéhouty allait lui rappeler qu'il s'occupait déjà de la tombe d'Hatchepsout mais il préféra ne pas décevoir le roi.

– Un tel chantier demandera plusieurs années de labeur dans les carrières d'Assouan...

– Je laisserai suffisamment d'hommes à Thèbes pour qu'ils puissent aller travailler à Assouan. Considère qu'il s'agit là d'une priorité ! Quand je serai de retour, je veux que l'œuvre soit quasiment achevée ! Un an et demi devrait suffire !

– À condition de ne pas fendre la pierre des obélisques qui seraient alors intransportables...

– Fais en sorte que les artisans la taillent, la sculptent et la polissent avec amour.

– Il en sera comme tu le souhaites.

Thoutmosis avait retrouvé sa bonne humeur. La perspective de voir des obélisques immenses s'élever vers les cieux le remplissait de joie et comblait son orgueil. Il imaginait déjà les barges gigantesques transportant les monuments d'Assouan à Thèbes, les fêtes magnifiques qui accompagneraient l'inauguration de ces aiguilles, symboles du lien entre le ciel et la terre.

– Tu parais bien pensif..., murmura Djéhouty.

Le rival d'Hatchepsout

– Oui, digne serviteur, tu m'as donné une idée qui illumine mes jours à venir. Quand j'aurai mis nos ennemis au pas – et j'ai hâte de le faire – je pourrai célébrer mon triomphe au pied de ces obélisques.

– N'est-ce pas un peu prématuré, Pharaon, Horus d'or ? Écoute mes conseils si tu as confiance en mes réalisations. Tailler un obélisque dans une carrière est délicat. Cette tâche réclame du doigté et de l'expérience. C'est également un travail pénible. Les ouvriers qui frappent la pierre de leurs outils respirent sans cesse la poussière désagréable qui s'en détache. La pierre est si dure que les outils se cassent parfois. Le travail le plus délicat consiste à détacher le monument du bloc, à le polir et à graver les textes sur les quatre faces. Plus l'obélisque est grand, plus le travail est long et difficile. Si nous faisons travailler les ouvriers plus que de raison, ils commettront l'irréparable. La pierre se fendra et le monument devra être abandonné sur le chantier...

– Tu préconises donc la patience.

– Pour ériger un tel monument, il faut qu'il soit parfait. La partie n'est pas gagnée pour autant car on devra le transporter et le placer debout à l'endroit que tu souhaiteras.

– Je me repose sur ton savoir, dit le roi. Ne me fais pas trop attendre. J'envisage de mener plusieurs campagnes dans le Nord. Je suis conscient qu'une seule bataille ne suffira pas à anéantir nos adversaires. Voilà qui te laissera le temps de préparer mon triomphe à l'ombre de mes obélisques.

Thoutmosis

Las d'avoir travaillé toute sa vie avec acharnement, Djéhouty aspirait à une retraite dorée. La perspective de tels travaux ne lui permettrait pas de passer ses jours à pêcher au bord du Nil.

– Je choisirai l'équipe qui partira pour Assouan, dit-il. J'ai formé des hommes capables et efficaces...

– N'oublie pas que tu dirigeras ce chantier, dit le roi. Ne confie à personne d'autre ce travail.

Djéhouty tenta de tergiverser mais le roi se montra intraitable.

– J'ai vu la reine se réjouir à l'avance de l'érection de ses obélisques. Quel plaisir elle en a tiré ! Son ambition était d'avoir un monument plus élevé qui n'a pu, malheureusement, être transporté jusqu'à Thèbes. Je ne veux pas qu'il m'arrive les mêmes déboires.

Djéhouty baissa la tête humblement. En cet instant, il regrettait son poste en vue.

– N'oublie pas de me communiquer le texte que tu voudras voir inscrit sur l'obélisque.

– J'ai le temps d'y songer.

Le pharaon avança au milieu des piliers énormes qui décoraient les cours. Il leva les yeux vers les chapiteaux et sembla imaginer le pyramidion qui émergerait de ces colonnes hautes et larges.

– Grand prêtre, prépare la cérémonie de mon départ. Je pars combattre l'ennemi dans quelques jours. Je veux prier Amon et offrir un sacrifice.

– Bien, roi puissant. Veux-tu une grande fête ou une cérémonie intime ?

Le rival d'Hatchepsout

— Une fête joyeuse et éclatante. Je partirai avant la crue du Nil. Tiens-toi prêt. Que les dieux se réjouissent de mes offrandes avant mon départ et que le peuple se rassemble pour les honorer à mes côtés.

— Des festivités qui ressembleraient à celles de la Vallée ?

— Pas tout à fait. Amon restera dans son temple...

— Pharaon, je compte sur toi pour me dire où tu souhaites voir placée la statue du dieu car la chapelle d'Hatchepsout ne l'abritera plus.

— Choisis le meilleur des endroits, un lieu où Hatchepsout n'a pas laissé sa trace. D'autres pharaons ont accompli ici des exploits en ordonnant de faire construire pylônes ou piliers. N'oublie pas que sous peu on ne lira plus dans ce temple un seul cartouche de la reine !

Le regard du grand prêtre se durcit. Il s'inclina respectueusement devant le roi qu'il détestait.

— Il faudra impérativement que je réorganise le clergé d'Amon dans ce temple de Karnak, dit le roi à Djéhouty en rentrant au palais. L'atmosphère qui y règne me déplaît.

Le chef de chantier l'approuva.

— J'aurais dû le faire en priorité... Mais il y avait tant à modifier. Hatchepsout a accaparé le pouvoir pendant vingt-deux ans ! Elle a su s'entourer ! Malgré les mesures que j'ai prises, je redoute encore un complot. Ma vie terrestre serait à coup sûr écourtée si je restais sans garde dans ce temple d'Amon où son souffle a tout envahi !

X

Le corps d'Hatchepsout n'avait toujours pas été retrouvé mais l'aménagement de sa tombe progressait. Pour calmer l'animosité qui le gagnait chaque jour davantage, Thoutmosis III décida d'aller chasser. Meryrêt s'en étonna.

– Cette situation est ridicule. Je devrais déjà être parti à la guerre. Hatchepsout fait tout pour me contrarier même après sa mort. Je vais m'entraîner. Cela me procurera le plus grand bien.

Ses amis se joignirent volontiers à lui. Eux aussi estimaient qu'il était temps de quitter Thèbes.

– Amenmen, je suis heureux de chasser les lions avec toi. Je veux aujourd'hui ramener au palais plusieurs fauves que je frapperai de mes flèches. J'utiliserai aussi le lasso...

– Voilà une arme bien peu royale ! s'exclama Amenmen en riant à gorge déployée et en tapant dans le dos de son ami d'enfance.

– Précisément ! J'ai envie d'essayer toutes les astuces, tous les pièges...

– Une façon de t'entraîner pour mieux occire tes ennemis ?

Thoutmosis

– Sans doute ! Je prendrai des taureaux avec une simple corde, tu verras !

– Je ne doute pas que tu reviendras avec des pattes et des queues d'animaux sauvages attachées à ton char !

– Ah, cela me fait tant de bien de te parler ! Je me suis senti si seul ces derniers jours !

– Ce n'est guère nouveau, digne roi d'Égypte.

– Laisse ces titres à d'autres. Nous avons été élevés ensemble et nous avons eu les mêmes professeurs. Tu me connais mieux que mon épouse. Tu as toujours été présent pour me réconforter même dans les pires situations ! Hatchepsout n'a pas été tendre avec son neveu... Je n'oublierai jamais que tu t'es placé devant moi au moment où un adversaire dirigeait sa flèche vers moi. Tu aurais préféré sacrifier ta vie plutôt que de me voir mourir !

– N'aurais-tu pas agi de la même manière ? Quand un homme est en danger, on se place instinctivement devant lui pour le protéger.

– Non, Amenmen, je sais que tu as agi comme un ami très cher.

Ils plaisantèrent volontiers en attendant ceux qui partageaient leurs loisirs et leurs blagues. Ils descendirent dans le jardin et s'assirent au bord de la mare le plus simplement du monde.

Thoutmosis III renvoya sa garde.

– Si ta grand-mère était encore en vie, elle n'aurait jamais accepté cela ! plaisanta Amenmen. La chère Moutnéfret, comme elle t'aimait ! Que n'aurait-elle fait pour te voir sur le trône !

Le rival d'Hatchepsout

– Qu'elle vive éternellement, dit Thoutmosis III. Je l'aimais, moi aussi, bien qu'elle fût accaparante !

– Elle aurait empoisonné Hatchepsout si elle l'avait pu ! Mais je l'admirais. Grâce à elle, ton père a régné.

Un soldat, ancien serviteur du dieu Amon à Karnak, qui avait un nom composé du mot Khepper, signifiant « le scarabée », vint se mêler à leurs discussions. Lui aussi avait suivi les cours des mêmes professeurs. Il arriva avec le noble Rekhmirê tout en plaisantant sur la grandeur de la tombe que se faisait aménager ce haut fonctionnaire, fils de dignitaire.

– N'aie pas honte de penser à l'Au-Delà ! Mais il est vrai que ta tombe est plus grande que celle d'un roi !

– Cesse de te moquer de moi, Thoutmosis ! Ma tombe n'a pas été creusée dans la Vallée où sont enterrés les rois. Je ne suis qu'un modeste employé du palais...

Tous ses amis éclatèrent de rire.

– Tu es vraiment à plaindre, Rekhmirê. Ton père possédait une fortune et une place enviables. Tu en as hérité. Sur quoi pleures-tu ? Si ta tombe se trouve à côté de celles des autres nobles, elle est superbement décorée. Chaque morceau de mur est peint et retrace ta vie. On te voit avec ta femme, dans ton jardin, avec tes employés, dans tes vergers. Tu distribues des ordres à tes domestiques. Ils sont presque aussi nombreux qu'au palais ! Mais tu peux encore espérer davantage. Car je vous le promets à vous trois. Tant que je serai en vie, vous aurez les meilleurs postes et les plus grands hon-

Thoutmosis

neurs ! Les chiens sont prêts et l'équipe nous attend ! Partons vers les montagnes ! Je pensais que Tianou viendrait jusqu'ici. Il doit diriger la meute...

Thoutmosis III était flatté par la dernière proposition de ce soldat hors pair. Tianou lui avait promis qu'il écrirait un journal sur le roi pendant toutes ses campagnes. Au début, le pharaon s'était méfié de son dévouement et de son excessive admiration, le croyant intéressé et peu sincère. Mais Tianou représentait ce genre d'homme incapable de bassesse. Entier et franc, il vivait uniquement pour le roi. On ne lui connaissait aucune liaison féminine.

– T'es-tu fixé un délai pour partir au combat ? demanda plus sérieusement Amenmen. Il fait terriblement chaud. Mieux vaut patienter jusqu'à la saison la moins éprouvante.

– Je le souhaiterais comme vous, mes amis. En réalité, je serais déjà parti si je ne devais tirer au clair l'histoire d'Hatchepsout. Mes messagers et mes espions me font très régulièrement des rapports. Tous les peuples se coalisent contre nous mais, pour le moment, ils ne bougent pas...

– Je préférerais que nous les attaquions au moment où ils s'y attendent le moins !

– Rassure-toi Rekhmirê. Nous serons partis avant la crue du Nil ! Ces Hittites et ces habitants de Qadesh verront à qui ils ont affaire !

De joyeuse humeur, tous quatre gagnèrent la cour principale du palais où stationnait la meute de chiens. Le pharaon les passa en revue avec beau-

134

coup d'affection. Il chérissait ses lévriers infatigables à la course qui étaient capables d'étrangler des lapins avant même que les chasseurs ne les aient rattrapés.

Les trompettes résonnèrent. Cette atmosphère propice aux loisirs de la chasse faisait oublier la tension des jours précédents. En entendant le bruit des instruments qui annonçaient le départ du cortège, Meryrêt se mit à la fenêtre de sa chambre. Elle, d'habitude solitaire, se confiait alors à une jeune Égyptienne timide et instruite qui s'appelait Sobkit.

– Comme je suis soulagée que Pharaon oublie enfin Hatchepsout, lui dit-elle. Cette partie de chasse lui fera le plus grand bien. Plût aux dieux qu'il ramène quelques antilopes et deux ou trois gazelles. Son humeur s'en trouvera changée pour plusieurs jours. Il reprendra confiance en lui. Ma mère a autrefois anéanti l'existence et la raison d'être de mon époux. Il s'est rebellé. Il connaît sa valeur. Mais il vit encore dans l'ombre de la femme-pharaon qui a régné pendant plus de vingt ans ! Je l'aiderai à s'affirmer, à lui faire oublier l'existence de celle qui m'a mise au monde mais ne m'a jamais aimée à l'égal de ma sœur aînée.

– Comment peux-tu dire cela, maîtresse ? osa la jeune Égyptienne en se jetant à ses pieds. J'ai connu la divine Hatchepsout. Elle t'aimait. Tu étais sa fille chérie !

– Ah, chère Sobkit ! On voit bien que tu ne l'as jamais vue en compagnie de ma sœur Néférou-Rê. Celle-ci est morte lorsque tu étais encore enfant ! Ma mère n'appréciait guère mon caractère froid et

Thoutmosis

rebelle ! Elle prétendait toujours que Néférou-Rê régnerait un jour. Or, ma sœur ne le souhaitait pas. Elle n'en avait pas l'envergure.

– Et toi, maîtresse ? Tu le voulais ? T'en sentais-tu capable ?

– Je n'y ai jamais pensé. Je souffrais seulement de la préférence que ma mère accordait à Néférou-Rê...

– Que tu détestais, avança Sobkit.

Méryrêt sembla s'étonner de sa remarque.

– Non... Je ne le crois pas. En réalité, je l'ai parfois haïe à cause de l'attitude de ma mère, Hatchepsout. C'était une fille calme et douce qui recherchait ma compagnie. Elle aurait pu épouser Thoutmosis III.

– Et tu ne serais jamais devenue Grande Épouse royale.

– Telle est ma destinée, dit Méryrêt. Et j'en suis heureuse. J'ai l'impression que les dieux approuvent le règne de Thoutmosis. Ils nous ont redonné le pouvoir. Ils nous soutiennent !

Les trompettes retentirent de nouveau.

– Les voilà partis ! s'exclama Sobkit en se précipitant à la fenêtre avec une attitude d'enfant.

Méryrêt entendit à peine la voix de son époux qui demandait aux archers de surveiller les monts pendant la chasse et aux scribes de noter le nombre d'animaux qu'il rapporterait pour en faire un compte rendu précis aux grands prêtres d'Amon. Les divinités avaient, en effet, droit à une part du butin.

– Nous chasserons des oryx pour Rê et des taureaux pour Amon. Les autres dieux ne seront pas oubliés ! lança le pharaon.

Le rival d'Hatchepsout

Un nuage de poussière accompagna le cortège.

– Dirigeons-nous vers les gorges où se trouvent quelques rares points d'eau. Nous sommes sûrs d'y trouver du gibier. Les bêtes, surprises, se font prendre dans des culs-de-sac. Il est alors facile de les encercler et de les blesser.

Le cortège traversa la ville sous les acclamations de joie. Ceux qui reconnaissaient le pharaon étaient heureux de le voir dans de si bonnes dispositions. Il gagna une zone marécageuse peu étendue et asséchée par les rayons de Rê. Pharaon passa devant les vergers du palais. Puis il poursuivit sa route vers des terres plus arides, vers des monts presque rouges grillés par la chaleur. Le cortège pénétra dans un étroit défilé. Entourés de roches abruptes et ravinées, les Égyptiens progressèrent lentement et en silence, cherchant la trace de quelque bête. Des bruits de fuite les encouragèrent à continuer.

– Les animaux ne sont pas loin, dit Amenmen en chevauchant à côté de Thoutmosis. Je les sens ! Je suis sûr qu'il y a ici des autruches et des gazelles.

– Et moi, je crois volontiers que les lions s'y réfugient ! Lève les yeux vers cette crête là-bas.

Le pharaon tendit le bras et arrêta son cheval. Tous regardèrent et l'imitèrent. La crinière rousse d'un lion resplendissait en haut de la montagne. Sa silhouette se découpait. Il paraissait observer ces hommes étrangers à son univers qui progressaient dans un léger cliquetis d'armes.

– S'il y en a un, il y en a d'autres ! dit Thoutmosis III. J'en veux au moins trois. Je les ai promis à la Grande Épouse !

Thoutmosis

Les domestiques retenaient les chiens et les hyènes avec des cordes. Le pharaon invita les chasseurs à vérifier leur matériel, les pièges, les arcs et les cages.

– Tout est en ordre, lui dit Rekhmirê. Que faisons-nous ?

– Cette route m'a donné soif, dit tranquillement le roi. Qu'on m'apporte les cruches et les paniers à provisions. Veux-tu boire avec moi ?

– Volontiers !

Aussitôt après, le pharaon partit à vive allure. Il fit lâcher les lévriers qui repérèrent des proies. Deux gazelles s'enfuirent en tous sens. Un loup fut pris au piège et acculé contre la façade de la montagne. Deux lions apparurent enfin. Le pharaon entoura les rênes de son char autour de sa taille et banda son arc. Il blessa l'un des animaux tandis que Rekhmirê atteignait l'autre à la gorge. Tous deux descendirent et achevèrent les bêtes d'un coup de poignard alors que les lévriers, difficiles à retenir, cherchaient à se ruer sur les fauves blessés.

– Une hyène ! cria alors le roi. Elle part dans le défilé ! Elle va se retrouver prisonnière. Elle est à nous !

Tous les chasseurs partirent sur ses traces et la ramenèrent bientôt, les pattes entravées et suspendues à une branche épaisse.

– Elle n'est pas morte. Nous pourrons la dresser pour grossir la meute, dit Amenmen.

– Je préfère chasser avec mes chiens. Ces hyènes

Le rival d'Hatchepsout

qu'utilisaient autrefois nos ancêtres sentent mauvais et ne sont guère attachantes...

Les chasseurs firent une pause et se désaltérèrent de nouveau avant de prendre le chemin du retour. Le roi se montrait satisfait de son butin.

Méryrêt fut surprise de le voir rentrer si tôt. Toutefois, Pharaon ne vint pas la visiter comme il le faisait habituellement après la chasse. Il retrouva ses amis dans la salle à ciel ouvert qui précédait les appartements du harem. Là, ils burent et plaisantèrent.

— Puisque vous êtes mes amis les plus chers, dit Thoutmosis, je partagerai volontiers avec vous quelques femmes de mon harem.

— Tu nous donnerais les plus vieilles et les plus laides ! plaisanta Rekhmirê. Celles qui habitaient déjà ici quand ton grand-père régnait.

— Vous choisirez !

— Mais jamais un roi ne cède les femmes de son harem, remarqua Amenmen.

— Qu'importe les règles et le décorum. Il me plaît que vous restiez avec moi ce soir. Or, je souhaite me rendre dans mon harem et choisir trois ou quatre jeunes femmes pour passer une nuit agréable. Vous n'avez pas le choix. Soit vous me privez de ces instants de délice, soit je me passe de vous. Et je n'en ai aucune envie !

— Tes désirs sont des ordres, Majesté, plaisanta encore Rekhmirê. Je n'ose cependant imaginer comment mon épouse réagira quand elle l'apprendra car tu sembles oublier que tu es Pharaon et que

nous ne sommes que de simples fonctionnaires !
Les lois ne sont pas les mêmes pour tous !

Le roi se laissa parfumer abondamment et regarda un instant les danseuses évoluer devant lui.

– Qu'on place aussi des cônes parfumés sur la tête de mes amis ! Et maintenant, venez avec moi !

Les quatre hommes, qui avaient bu beaucoup de vin grec, se levèrent ensemble. Les danseuses disparurent. Sobkit se glissa derrière l'une des colonnes qui entouraient la pièce. Puis elle marcha avec la souplesse d'un chat jusqu'à la chambre de sa maîtresse.

– Mon époux viendra-t-il ce soir ?

– Je crains que non, répondit Sobkit.

– Il est encore allé dans ce harem ?

Sobkit inclina la tête.

– Mais moi je suis là, maîtresse, dit-elle à Méryrêt en entourant ses genoux avec affection.

Méryrêt sentit monter en elle une bouffée de haine et de jalousie. « Quelle maudite invention que ces harems ! se dit-elle. Thoutmosis est semblable à ses aïeux. Il aime les femmes et ne s'en prive pas ! Crois-tu, Thoutmosis, que je partagerai ma place avec d'autres ? »

Elle caressa les cheveux de la jeune Sobkit et décida de s'endormir ainsi sur sa large couche, la tunique légèrement ouverte, le corps offert à la petite brise qui faisait frémir sa peau par la fenêtre entrebâillée.

XI

Les chambres du harem, colorées et chaudes, aux pastels relevés de rouge sang et de vert sombre s'étaient remplies d'un brouhaha inhabituel. Les jeunes femmes discutaient souvent entre elles. Elles plaisantaient, jouaient à des jeux de patience, partageaient leurs séances de maquillage en riant, se déguisant parfois.

L'entrée des quatre hommes dans le harem avait suscité des chuchotements, des gloussements et des regards curieux.

– J'invite ce soir mes amis à se joindre à moi ! dit le pharaon à la responsable des lieux. Je souhaite qu'ils soient traités aussi bien que je le suis !

– Veux-tu des femmes ?

– Bien sûr ! Va me chercher une douzaine de belles adolescentes. Mais nous voulons aussi du vin ! Le meilleur ! Apporte un damier et des pions...

Plusieurs Égyptiennes et princesses originaires du Mitanni, aux cheveux et à la peau très noirs entourèrent les quatre hommes de leurs caresses. Ils se couchèrent sur des divans recouverts de coussins soyeux aux teintes chatoyantes. La douceur des matières et l'effet du vin les faisaient plonger

Thoutmosis

dans une douce euphorie. Les jeunes femmes embrassaient doucement leurs bras et leur cou. D'autres remplissaient leurs coupes. Les plus expérimentées plaçaient un coussin sous leurs talons et répandaient des senteurs sur leur corps.

– Ces tentures et ces couvertures dégagent une énivrante odeur, dit Rekhmirê en se laissant aller dans les bras d'une grande Égyptienne au corps mince.

– Il n'y a pas que les tentures ! plaisanta Amenmen. Je crois que toutes ces femmes parfumées abondamment me font tourner la tête...

– Tels sont les plaisirs des harems, dit Pharaon. On s'y laisse aimer et servir dans l'infinie douceur, hors des contraintes du pouvoir. Les dieux ont inventé là le meilleur des remèdes aux soucis. Quand je dois réfléchir en toute quiétude, je viens ici. Je pense alors pendant une partie de la nuit aux problèmes de l'Égypte. Méryrêt ne comprendrait pas cela.

– Mon épouse non plus ! s'exclama Rekhmirê. Elle imagine que j'aime d'autres femmes pour le plaisir... et elle a raison. Mais j'ai parfois besoin, moi aussi, de me tenir à l'écart de ma maison et du quotidien. Je te comprends, Thoutmosis.

Le roi réclama un massage. Il voulait que sa préférée lui frottât les épaules avec un onguent à base de myrrhe.

– C'est tellement relaxant, mes amis. Profitez-en ! Allongez-vous et laissez-vous faire....

Tous quatre fermèrent les yeux et se laissèrent masser quelques instants sans rien dire. Les sons légers d'une harpe à peine audibles les charmèrent.

Le rival d'Hatchepsout

– Fais aussi venir les chanteurs ! dit Thoutmosis III en se relevant. Si je reste ainsi trop longtemps, je vais m'endormir et je préfère auparavant profiter de ces doux bras qui m'entourent.

La jeune femme lui caressa le visage et plaça ses mains fraîches enduites d'onguent onctueux sur son cou. Il frémit et renversa la tête vers elle. Elle déposa alors un baiser sur ses lèvres, l'effleurant à peine de sa bouche fine et colorée de rouge vif.

– Je sens que tu ne résisteras pas longtemps à un tel traitement, dit Amenmen en riant.

Ils jouèrent aux dés et se donnèrent des gages.

– Je préfère que nous en donnions à ces chères têtes brunes, dit Rekhmiré. Elles sont à peine vêtues mais ne seraient-elles pas plus séduisantes entièrement nues ?

– Il suffit pour cela de le leur demander, dit Pharaon. Elles déambulent généralement nues dans ce harem.

– Pourquoi précipiter les réjouissances ? Choisissons chacun l'une d'entre elles et jouons. Celui qui perdra obligera la femme d'un autre à se dévêtir. S'il perd tout le temps, la sienne gardera ses vêtements et il ne pourra en profiter cette nuit !

– Voilà une bien cruelle punition, dit le roi. Je ne voudrais pas qu'elle tombe sur moi !

– Je suis pourtant assez tenté par une telle partie, dit Amenmen.

Les jeunes femmes se mirent à rire.

– Qu'en penses-tu, Kertari ?

La préférée du roi se jeta aux pieds de son souverain.

Thoutmosis

– Je n'ose donner mon avis mais cela me plaît, dit-elle, sauf si tu perds ce soir car tu sais, mon roi, combien je t'aime...

Elle levait vers lui ses grands yeux sombres entourés de khôl. Thoutmosis III n'avait jamais vu un regard aussi expressif. Il succombait à chaque fois à ses clins d'yeux malicieux où brillait la flamme de l'intelligence.

– Je ne perdrai pas, lui répondit-il en lui caressant la joue. Un roi ne perd jamais ! Allons, Menkheperrêsen, tu ne t'es guère occupé de ton corps pendant ton adolescence sinon pour le rendre fort. Prends garde que ces caresses ne ramollissent ton âme et ne te transforment en femme ! Tu pourrais bien devenir un vieillard faible que le souffle du vent renverserait...

– Plaisante, roi tout-puissant, mon ami. C'est toi qui as décidé de nous entraîner dans ces appartements de plaisir alors que nous devrions être en ce moment dans nos familles. Les Égyptiens sont fidèles, l'as-tu oublié ? Je connais comme toi les conseils des anciens scribes et je ne me laisserai pas tenter par une vieillesse pitoyable.

Amenmen se fit épiler par une femme habile qui s'était assise devant lui, une corbeille dans une main. Elle avait posé à terre, tout près de ses jambes lisses, un nécessaire de toilette complet. Après avoir aiguisé son rasoir à l'aide d'une pierre, elle enduisit les jambes d'Amenmen d'huile odorante et passa l'instrument sur sa peau déjà glabre.

Chaque homme eut droit à des soins dépilatoires rafraîchissants. Quelques fillettes passèrent ensuite

144

Le rival d'Hatchepsout

sur leurs cuisses une eau mêlée de natron et de cendres qui rougit leur peau.

– Tiens, prends cette serviette en lin ! dit le roi en la lançant à Rekhmirê. Elle adoucira ta peau. Je préfère cette eau parfumée à celle du Nil ! Il faut s'appeler Menkheperrêsen pour plonger dans l'eau trouble du dieu Hâpi !

La responsable du harem, une Égyptienne qui avait été belle mais que les ans n'avaient pas épargnée, déposa sur un trépied un bol rempli d'une mixture marron clair. Cet onguent, à base de tamaris et d'œuf, ôtait toute odeur de transpiration. Chacun s'en enduisit le corps avant de mâcher des morceaux de myrrhe et de cannelle pour se donner bonne haleine.

– J'ai fait venir de la gomme, de l'huile de balane et de la noix de jonc pour mon épouse, dit Rekhmirê. Ces produits m'ont coûté plus cher que l'aménagement de ma tombe !

– Tu n'avais qu'à lui donner de l'huile de castor ! répliqua Menkheperrêsen qui manquait parfois d'élégance.

D'autres femmes vinrent remplacer celles qu'on avait fait venir. Seule Kertari resta auprès du roi. Celles qui entrèrent dans la pièce portaient de fines tresses. Elles s'étaient peint les ongles des mains et des pieds avec du henné et les yeux avec de la galène et de la malachite. Le vert et le gris faisaient ressortir leurs yeux, les agrandissant et leur donnant plus d'expression. Des tatouages ornaient leurs jambes, leur poitrine et leurs bras. Elles portaient aux pieds des sandales en roseaux.

145

Thoutmosis

Kertari jeta sur les épaules de Pharaon un magnifique châle en lin brodé de dessins géométriques qui valait bien six chèvres.

– Par Horus, commençons notre jeu ! dit le roi en demandant à Amenmen d'avancer ses pions.

Les jeunes femmes déposèrent bientôt leurs bijoux de cornaline, d'améthyste et de jaspe à terre. Certaines turquoises du Sinaï entourées d'or les rejoignirent. Les robes fuselées et plissées en lin fin tombèrent à leurs pieds. Elles ne gardèrent plus que leurs amulettes, œil oudjat chassant le mauvais sort ou pendentifs de verre et de faïence en forme de poissons.

– Je me demande qui va l'emporter, dit Rekhmirê. Mais aucun d'entre nous ne repartira bredouille ! Encore quelques bracelets d'argent et ces femmes seront entièrement nues !

Boucles d'oreilles, bagues et chaînes de chevilles furent rangées dans leurs coffrets.

– Je n'ai plus rien sur moi ! dit finalement Kertari en tournant sur elle-même. Le roi a gagné !

Amenmen se rendit à l'évidence.

– Si je ne rentre pas chez moi, ma femme me jettera dehors dès demain !

– C'est un risque à courir, répondit Thoutmosis en riant. Te voilà prisonnier. J'ai déjà choisi l'endroit où je passerai la nuit. Laissez-vous guider par ces belles. Elles vont vous conduire aux chambres que l'on a préparées pour vous. Amenmen, toi qui es né un jour où l'on fêtait Amon, suis ce couloir jusqu'à la fontaine. Ta compagne t'y attend. N'aie

Le rival d'Hatchepsout

aucune crainte ! Je ne te dénoncerai pas et ne révélerai rien à Bari qui fut ma chère nourrice avant d'être ta femme.

– Tu sais combien je suis honnête et franc. Je hais le mensonge...

– Mais tu es aussi obéissant. En tant que chef des archers, tu me suis partout. Pourquoi ne resterais-tu pas auprès de moi quand je me réjouis et prends du plaisir ? Tu vas bientôt partir avec moi à Meggido et nous réussirons ainsi à couper la route au roi du Mitanni qui prétend administrer les ports de nos alliés. Aujourd'hui, je veux faire la fête... Mes amis n'auraient-ils droit qu'à partager mes soucis ?

– Tu oublies que j'ai un rang à tenir. Je suis aussi responsable de la barque d'Amon à la proue magnifique.

– Il faudra songer à passer le relais pour la prochaine fête d'Opet car tu ne seras pas à Thèbes. Ce n'est pas parce que tu surveilles le voyage de la barque d'Amon du temple de Karnak à celui de Louxor et que tu t'occupes des amarres que tu n'as pas le droit de te réjouir !

– Roi, je t'ai toujours soutenu. Maintenant que tu prends le pouvoir dans la vingt-troisième année de ton règne, je t'accompagnerai où que tu ailles mais je dois rester un homme pieux pour mieux servir Amon. Je te ferai représenter dans ma tombe devant le dieu Osiris. Je me tiendrai derrière toi avec mon épouse et te donnerai des offrandes de nourriture et de plantes, symboles du renouveau. Un jour, je me pavanerai près de mes étangs et sous mes sycomores. Je sentirai les lotus et irai pêcher

Thoutmosis

aux bords des marais. Alors seulement, si mon épouse a rejoint l'Au-Delà, je prendrai peut-être une compagne pour me divertir. Je préfère, aujourd'hui, lui être fidèle et profiter de notre campagne.

– Tu est trop sérieux, dit Pharaon. Suis cette jeune fille et ne discute plus ! Je vois tes yeux qui brillent d'envie devant ses formes arrondies. Qu'Amon te donne du plaisir toute la nuit ! Les dieux, eux aussi, aiment les femmes et ne s'en privent pas !

Amenmen finit par s'exécuter. Il se leva en titubant et se laissa guider vers les chambres du fond. Le vaillant général avait oublié ses obligations.

– Rekhmirê, dit le roi en se tournant vers son ami qui n'avait pas les mêmes scrupules qu'Amenmen, ton père a été vizir. J'ai décidé de faire de ton oncle le vizir du Sud.

– Je le sais, Thoutmosis. C'est pour lui un grand honneur mais je suis sûr qu'il sera à la hauteur de sa tâche même s'il est déjà âgé.

– Peut-être lui succéderas-tu un jour... Ton père a veillé à ton éducation. Tu es instruit. Ne t'a-t-il pas donné le nom de « cultivé comme Rê » ?

Les yeux de Rekhmirê s'illuminèrent.

– Je connais surtout les fonctions du vizir du Nord car mon père s'occupait de cette région...

– Un vizir doit suppléer Pharaon que ce soit dans la région du Nord ou du Sud et je pense que tu en es capable. En attendant, ton oncle me sera bien utile. J'ai décidé d'organiser une grande fête pour lui donner officiellement son titre.

Le rival d'Hatchepsout

– Un vizir a une fonction essentielle : celle de te protéger et de faire régner la justice. Il ne doit pas crier pour rien ni se mettre en colère. Il doit seulement inspirer le respect.

– Si tu fais preuve de telles qualités, je te nommerai vizir après ton oncle et tu conserveras ta charge très longtemps. Tu écouteras les plaintes du peuple et te lèveras à l'aube pour lire ses requêtes. Il te faudra aussi accomplir des rites religieux et être attentif aux rapports de tes messagers et de tes fonctionnaires car l'administration d'une partie du pays reposera sur tes épaules. Tu devras enfin veiller à la répartition des terres et aux héritages. Je te confierai le trésor royal, tu recevras les impôts et les cadeaux des dignitaires étrangers.

– Je suis capable de faire aménager de nouveaux canaux d'irrigation, de pourvoir à la nourriture du palais, de surveiller les troupeaux et de faire couper les arbres que tu souhaites voir abattus.

Le pharaon se moqua de lui.

– J'ai appris par ta femme que tu n'aimais guère faire des rapports...

– Les épouses parlent toujours trop, répondit Rekhmirê.

– Le poste de vizir te confrontera à bien des tracasseries administratives...

– Qu'est-ce à côté du plaisir de te servir ?

– À ce poste, j'ai vraiment besoin d'un homme de confiance. Un vizir doit entretenir l'armée et choisir les soldats avant une campagne. Il contrôle aussi la flotte et surveille les forteresses. Si je compte sur Menkheperrêsen pour mettre au point une stra-

Thoutmosis

tégie, tu me seras précieux dans le choix des hommes. Or, comme tu le sais, nous entrons en campagne... Assurer ma garde lors de mes déplacements, veiller sur les archives et ma correspondance ne représentent rien en comparaison de ce que sera ton rôle dans une Égypte en guerre. Ne crois pas que cette fonction soit facile. Tu auras des ennemis qui t'envieront. Il te faudra beaucoup de patience et d'attention.

— Rassure-toi, Thoutmosis, je serai là quand tu auras besoin de moi. Mon oncle sera le meilleur des vizirs. Si tu prévois pour moi de telles besognes, j'ai intérêt à profiter de mes promenades dans les champs, de mes séances de pêche et de chasse dans les marais et des banquets que Merit prépare avec bonheur. Jouer du sistre dans mon jardin et écouter d'autres musiciens me suffisent amplement !

— La discussion me semble soudain bien sérieuse, intervint Menkheperrêsen. Pour ma part, ma décision est prise. Je vous quitte pour suivre cette jeune femme !

— Toi non plus tu n'es pas qu'un vulgaire soldat, rétorqua le roi. Tu es un prêtre, ne l'oublie pas, un serviteur du dieu Amon.

— Mais j'ai le droit de me réjouir comme toi !

Thoutmosis III lui fit comprendre que le grand prêtre de Karnak ne resterait pas longtemps en fonction.

— Hatchepsout l'avait fait vizir. Cumuler ainsi des pouvoirs religieux et politique est dangereux ! Le grand prêtre d'Amon est vieux. J'ai quelque raison de penser qu'Osiris l'appellera bientôt auprès de lui.

Le rival d'Hatchepsout

– Voilà qui arrangerait bien nos affaires ! dit Rekhmirê.

– En effet car je n'ai aucune confiance en lui. Je préférerais voir un homme comme toi, Menkheperrêsen, à la tête du clergé d'Amon si puissant. Tu pourrais même accomplir les rites religieux à ma place sans que je m'en soucie. Les terres et les biens d'Amon sont considérables. Avec un tel trésor, un grand prêtre pourrait bien tenir tête au roi en personne. Je préfère que ces dizaines de milliers de serviteurs, ces troupeaux, ces centaines de vignobles, ces villes et ces huit cent mille aroures* de terres cultivables soient entre tes mains plutôt que dans celles d'un ennemi !

– Nous ferions un excellent travail avec Rekhmirê. Je veillerais avec lui sur les troupeaux et les serviteurs. Nous gérerions admirablement le domaine. Je pourrais aussi avoir des idées qui te plairaient... Comme l'aménagement du temple de ton grand-père, par exemple... J'aiderais volontiers Djéhouty...

– Mon cher ami, dit le roi en se levant lui aussi et en prenant Kertari par la main, tu es un prince, un ami du dieu Amon. Mes mains se dirigent vers toi avec raison. Tu es mon souffle dans toute l'Égypte. Je sens que tu peux être plus qu'un grand prêtre qui inspecte des ateliers ou contrôle l'or arrivant de Koptos.

– Je ne me contenterai jamais de surveiller les mineurs revenant du Sinaï ou les caravanes émergeant du désert parfois hostile. Je resterai ton ami fidèle.

---

* Unité de surface équivalant à environ 2 800 m².

Thoutmosis

– Je le sais, dit le roi et cette discussion m'a mis d'excellente humeur !

Il pressa Kertari contre lui.

– Belle Mitannienne, je t'emmène, lui dit-il.

– Où va-t-on, maître ?

– Je te réserve une surprise que tu apprécieras. Qu'Amon illumine votre nuit ! dit Thoutmosis en se faufilant vers le jardin.

La jeune fille riait en le suivant prestement. Le roi se dirigea jusqu'à une barque amarrée près d'un chadouf.

– Je t'emmène faire un tour sur la mare, dit le roi.

– Mon Seigneur plaisante. Une promenade en pleine nuit ? Il fait si noir !

– Ne parle plus et allonge-toi dans l'embarcation.

Le pharaon pria les gardes de retourner au palais puis il poussa lui-même la barque sur l'eau. Kertari s'y était étendue.

– Viens me caresser les épaules, lui dit-il en s'asseyant à son tour sur un banc en bois qui venait d'être repeint. Je vais ramer.

Kertari se plaça derrière lui et massa légèrement le cou du roi. Elle déposait parfois un baiser sur l'une de ses épaules et lui caressait la poitrine. Quand la branche d'un arbre pliant au-dessus de la mare venait lui griffer la peau nue, elle poussait un petit cri. Le roi sentait la chaleur de son corps contre sa peau.

– Peut-être aurait-il été plus raisonnable de jeter sur ton corps un châle protecteur, dit-il.

– Je me sens bien ainsi, répondit Kertari. Tu as

152

Le rival d'Hatchepsout

posé ta tête entre mes seins. Ton dos puissant protège mon corps. Je resterais ainsi toute la nuit.

– Ce n'est pas là le programme que j'ai choisi ! dit le roi en se retournant et en lui donnant un baiser. Ramons vers cette petite cabane...

– L'abri aux canards ?

– Oui.

Ils laissèrent la barque s'échouer sur la terre. Le roi aida la jeune fille à monter sur un terre-plein.

– On dirait un petit kiosque..., dit-elle.

– C'en est un, aménagé exprès pour nous.

– Mais quand as-tu eu cette idée originale ? demanda Kertari.

– Tout à l'heure.

Ils pénétrèrent à l'intérieur. Des coussins placés à terre formaient un véritable lit soyeux abrité par des guirlandes de feuilles. Des boissons fraîches et des friandises étaient protégées par des soucoupes en argent.

– Ce kiosque est suffisamment grand pour accueillir quatre couples ! dit la jeune femme.

– Mais je n'ai pas l'intention d'inviter qui que ce soit !

Un serviteur demanda au roi s'il souhaitait être servi.

– Non, dit-il. Nous n'avons plus besoin de rien. Restez tous à l'écart près de la barque. Personne ne peut venir jusqu'ici par la terre. Nous ne risquons rien.

– Mange ce fruit, dit le roi en saisissant une datte dans sa main et en la portant aux lèvres de la jeune femme. J'aime voir ta bouche s'entrouvrir pour croquer ces fruits mûrs. Elle est si gourmande...

153

Thoutmosis

– J'aime que tu me gâtes, répondit Kertari en se blottissant contre lui.

Elle but toutes les coupes de bière que Thoutmosis lui versait.

– Es-tu satisfaite ? lui demanda-t-il.

– Maître, je suis ta suivante et tu me traites comme une reine. Comment ne serais-je pas heureuse ? Mon doux plaisir est de te rendre tout ce que tu me donnes. Je ne connais qu'un moyen de le faire car je suis pauvre et dépendante...

– Mais il me convient parfaitement ! dit le roi en riant et en se laissant embrasser. Ah, belle Kertari, ces instants volés en ta compagnie sont les plus délicieux que je connaisse. Quand je t'ai connue, tu étais triste...

– Parce que je venais de quitter mon pays. Tu m'as emmenée loin de chez moi. Je t'en ai beaucoup voulu. Depuis que tu fais attention à moi, ma vie a changé. Je suis comblée. Mais je redoute que tu te fatigues de moi... Quand une autre prendra ma place, que deviendrai-je ?

– Beaucoup d'autres ont déjà pris ta place. Je ne passe pas tout mon temps avec toi.

– Mais j'ai la prétention de croire que tu me préfères à toutes les autres, même à...

– Oui ?

– N'est-ce pas la vérité ?

– Je le reconnais, dit le roi.

Pharaon s'abandonna aux tendres baisers de l'adolescente émerveillée de servir le roi le plus puissant du monde. Le silence qui les entourait leur procurait une sensation de paix et de sérénité exceptionnelle. Seuls quelques insectes se faufilant

Le rival d'Hatchepsout

sous les feuilles qui jonchaient le sol, juste devant le kiosque, accompagnaient leurs mots chuchotés et leurs rires complices.

XII

Méryrêt n'avait guère dormi. Elle ouvrit les yeux quand le soleil illumina sa chambre. Sa fidèle servante était restée au pied de son lit et s'était assoupie.

– Où se trouve Pharaon ? demanda la Grande Épouse en la réveillant.

– Il a quitté le harem hier soir...

Méryrêt poussa un soupir de soulagement.

– Je trouvais qu'il s'y rendait trop souvent. Qu'il fréquente de nombreuses femmes me peine mais je ne les redoute pas. En revanche, savoir qu'il rend visite à l'une plutôt qu'à une autre m'indispose.

– Tu n'as pas compris ce que je voulais dire, ma reine. Pharaon a bien quitté le harem mais il n'était pas seul. Une certaine Kertari l'accompagnait. Ils sont partis vers le jardin.

– Les as-tu suivis comme je te l'avais demandé ?

– Bien sûr. Ils se sont rendus à la mare et ont embarqué en pleine nuit. Je me suis dissimulée derrière un arbre. Je les ai vus s'éloigner tandis que les gardes revenaient au palais. J'entendais leurs rires.

– Qu'as-tu fait ? As-tu pris une barque à ton tour ?

Thoutmosis

– Non, maîtresse. J'avais trop peur. En pleine nuit, la mare noire soulève mes craintes. J'ai attendu. Je me suis assise dans l'herbe.

– Quand sont-ils rentrés ?

– Je ne sais pas. Comme je ne voyais personne, j'ai fini par revenir ici. Tu t'étais assoupie. Je suis restée là où tu me trouves ce matin.

Méryrêt jeta avec rage la couverture sur le côté de son lit.

– Jamais Thoutmosis n'a procédé ainsi. Comme son père, il visitait les filles du harem et rentrait dans nos appartements dès qu'il s'y était amusé. Qui est donc cette Kertari ?

– Une fille du Mitanni que Thoutmosis a ramenée de sa dernière campagne. Depuis qu'elle fait partie du harem, on dit qu'il la préfère aux autres et qu'il va la voir presque chaque soir.

– Je n'aime pas cela ! dit Méryrêt. J'ai envie d'aller rendre une petite visite à cette fille. Pourquoi ne pas la placer dans le harem du Fayoum ? Elle y aurait un domaine. Ce serait une chance pour elle ! Le roi ne la verrait que lorsqu'il irait chasser dans les marais.

– Je doute que Thoutmosis l'accepte. Sois patiente... Il doit bientôt partir en campagne. Kertari se retrouvera seule.

– Mais je ne demanderai pas l'avis de Pharaon ! répondit Méryrêt. Les Grandes Épouses se sont toujours occupées des harems de leur mari. Celui du Fayoum est particulièrement choyé par les reines parce que les rois aiment s'y rendre. Eh bien ! je vais l'agencer au mieux et y mettre les plus belles

Le rival d'Hatchepsout

femmes du harem à commencer par cette Kertari. Est-elle belle au moins ?

– Je la trouve un peu trop maigre. Elle est très jeune et ses formes manquent encore de grâce.

– Pharaon aime les adolescentes graciles. Elle sera d'autant plus facile à convaincre. Quand le roi reviendra des combats, je l'aurai déjà envoyée dans le nord du pays et tout rentrera dans l'ordre.

Le visage de Méryrêt s'était durci. Sa bouche pincée et son regard sévère remplirent la servante d'effroi.

– Il faudra que cette fille m'obéisse, ajouta-t-elle. Sinon, je me débarrasserai d'elle. Je n'ai que faire d'une intrigante.

À cet instant, Thoutmosis III entra dans la chambre de sa femme. Il fut surpris de la voir debout et sans apprêt. Quand elle le vit, Méryrêt congédia sa confidente et rejoignit sa salle de bains sans lui adresser la parole.

– Voilà un étrange accueil, lui dit-il.

Mais Méryrêt ne lui répondit pas tout de suite. Elle se plaça debout dans sa baignoire et ordonna à ses servantes de verser sur son corps de l'eau au natron.

– Je suis un peu lasse, dit-elle finalement à son mari. Un bon massage me détendra. Sans doute as-tu passé une meilleure nuit que moi...

– Je suis fatigué moi aussi. Mais je dois impérativement me rendre sur le terrain d'entraînement. J'ai donné des ordres précis pour que les soldats commencent leurs exercices. Ils ne partiront que

Thoutmosis

lorsqu'ils seront fin prêts ! Des hordes nous attendent.

– Je n'ai évidemment pas tes obligations ni tes devoirs, répondit Méryrêt. Je resterai donc là.

– N'oublie pas que nous fêterons bientôt la nomination du nouveau vizir du Sud et que des réjouissances se préparent dans le temple de Karnak.

– Le grand prêtre et le chambellan s'en occuperont.

– Sans doute. J'aimerais que tu contrôles...

– Nous verrons, répondit Méryrêt. Va surveiller tes troupes et les entraîner.

*
* *

Le roi rejoignit au galop le camp d'entraînement où se trouvait déjà Menkheperrêsen. Celui-ci distribuait ses ordres aux archers et aux conducteurs de chars. Le teint frais, les cheveux rasés, le torse dénudé et le poignard plaqué sur ses hanches, il n'épargnait aucune jeune recrue.

Thoutmosis III s'arrêta juste devant lui dans un tourbillon de poussière. Du haut de son char, Menkheperrêsen n'en continua pas moins ses recommandations.

– Je ne pensais pas que tu serais là avant moi, lui dit Thoutmosis en plaisantant. Ta nuit a donc été plus courte que la mienne.

– J'ai déjà honoré les dieux et accompli les sacrifices.

– Tu ne réponds pas à ma question.

160

Le rival d'Hatchepsout

— Si tu souhaites savoir si je me félicite des moments que j'ai passés auprès de l'une de tes femmes, je mentirais en te disant que je me suis ennuyé !

— Et comment as-tu justifié ton absence ?

— Par le fait que nous devions délibérer avant de partir en campagne.

Le roi éclata de rire et leva sa crosse pour donner l'ordre aux soldats de poursuivre l'entraînement.

— Je tiens aussi à ce que Kalourê participe à cet entraînement. Il m'a été précieux lors de nos derniers combats.

Les archers, debout dans leurs chars, tiraient sur une cible fixe puis ils lançaient leurs chevaux au galop en direction des troncs d'arbre où s'étaient plantées leurs flèches. Passant tout près de ces sycomores, ils tentaient de viser à nouveau sans perdre l'équilibre.

— Nos archers sont vraiment les meilleurs, dit le roi en observant ce ballet rapide et impressionnant. Jamais un habitant de ces contrées rebelles n'a réussi à tirer aussi bien contre un adversaire.

— J'ai fait renforcer les côtés des chars, dit Menkheperrêsen en sautant à terre.

Le roi le suivit et examina les caisses en bois que son fidèle ami avait fait recouvrir de plaques de métal.

— Il nous faudrait des caisses aux montants plus élevés. Les archers seraient ainsi protégés sur les côtés.

— Mais ces chars seraient moins faciles à manier et moins rapides. Je préfère qu'ils soient plus

Thoutmosis

souples. Leur vitesse surprend toujours l'ennemi. Quand je fonce en première ligne avec mon arc ou ma lance, j'arrive sur l'adversaire avant même qu'il n'ait le temps de réagir. C'est un avantage indéniable !

Pharaon s'imagina sur son char éclatant d'or, intouchable dans la lumière de Rê, suivi de ses fantassins et de ses cavaliers.

– Rassemble nos hommes ! J'ai besoin de leur parler !

Menkheperrêsen s'exécuta. Les recrues entourèrent bientôt le roi. Certains tenaient leur lance le long de leur corps vigoureux. D'autres avaient jeté leur carquois sur leur épaule. Tous frémissaient encore, les muscles échauffés par l'effort, les joues rouges.

– Je vous ai observés, dit le pharaon. Vous êtes habiles et forts. Continuez l'entraînement ! Mais n'oubliez pas d'aiguiser la pointe de vos couteaux et de vos lances. Vérifiez l'état de vos flèches. Elles doivent tuer d'un coup. Blesser ne suffit pas. On va apporter les bâtons, les massues et les haches. Je veux vous voir lutter avec ces armes...

Les soldats se mirent face à face et s'emparèrent des nouvelles armes qu'on leur apportait. Les massues, lourdes et épaisses, étaient parsemées de morceaux de fer tranchant. Les haches en cuivre auraient coupé le tronc d'un arbre centenaire.

Menkheperrêsen donna à chaque fantassin un bouclier en bois qu'il avait fait garnir de métal et de cuir.

– Allez-y ! cria le roi.

162

Le rival d'Hatchepsout

Les massues s'abattirent sur les boucliers dans un vacarme assourdissant. Les fantassins évitaient les haches avec effroi. Le pharaon leur ordonna d'arrêter.

– Vous avez quelques jours encore pour vous entraîner. Ne vous massacrez pas. Nous avons besoin d'hommes ! Le général me fera un rapport quotidien et je viendrai moi-même vous entraîner quand j'en aurai le temps ! Que les dieux vous aident !

Ils acclamèrent Pharaon et se remirent à lutter.

– Je ne me contenterai pas de mener une campagne pour repousser ces brutes, dit le roi à son ami. J'ai l'intention d'élaborer un plan imparable, quitte à faire plusieurs campagnes contre les peuples coalisés contre nous. Il faut créer entre eux la mésentente, rompre leur alliance, les acculer, assiéger les villes hostiles...

Menkheperrêsen l'approuva.

– Je voudrais que tu établisses ce plan de bataille avec moi. J'y ai longuement réfléchi. Qu'en dis-tu ?

– Je dis que du haut de tes trente ans, tu es le plus sage des pharaons.

Le roi réunit ensuite les cavaliers. Il inspecta lui-même les chevaux, en jugea certains trop vieux, d'autres trop gros pour combattre. Il regarda attentivement leurs flancs, souleva leurs pattes, inspecta leurs yeux.

– Menkheperrêsen ! Je pense qu'un choix s'impose. Ces bêtes ne seront plus assez rapides pour combattre. Elles mettront en péril la vie de nos soldats ! Je les veux nerveuses et jeunes.

163

Thoutmosis

– De nombreux ambassadeurs t'ont offert de magnifiques chevaux de race. Nous les avons rassemblés pour les défilés. Peut-être pouvons-nous les utiliser pour cette campagne.

– Bien entendu, par Horus ! Pourvu que nous ne les ayons pas offerts aux dieux !

– Je n'évoque pas les animaux réservés à Amon, répondit Menkheperrêsen. Personne n'y touchera. J'y veillerai. Je parle de ces bêtes qui accroissent tes troupeaux et ornent nos défilés festifs.

– Fais un premier choix. Je les examinerai à mon tour.

Dans le terrain sec aux herbes jaunies, les chevaux cherchaient quelques buissons tendres à manger. De rares palmiers entouraient l'emplacement réservé à l'entraînement. Aucun souffle d'air ne venait rafraîchir les fronts humides de sueur.

Le roi regarda le ciel en suppliant les dieux.

– Que la crue du Nil soit cette année importante. Nous aurons besoin de bonnes récoltes. Je rentre au palais. Je veux vérifier le nombre d'armes que nous avons.

– Le scribe est en train de mettre les relevés à jour car nos artisans ont fabriqué de nombreuses armes ces derniers jours.

– Ils ont obéi à mes ordres. Le peuple est conscient du danger qui menace l'Égypte. Je préfère qu'il en soit ainsi. Je ne voudrais pas qu'il pense avoir affaire à un pharaon avide de pouvoir qui souhaite agrandir l'Égypte à tout prix au détriment de son bien-être et de la paix.

Les temples de Thoutmosis III et d'Hatchepsout
en cours de fouilles et de restauration à Deir el-Bahari.

Intérieur de la chapelle d'Hathor
aménagé par Thoutmosis III à Deir el-Bahari.

Karnak. Thoutmosis III y fit aménager salles et obélisques.

Salle hypostyle de la troisième terrasse du temple d'Hatchepsout avec au fond le sanctuaire d'Amon où Thoutmosis et Hatchepsout honoraient le dieu.

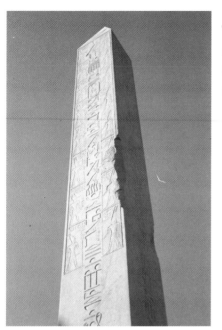

Thoutmosis I, Thoutmosis III, et Hatchepsout firent construire des obélisques dans le temple de Karnak.

Le fils de Thoutmosis III face à Hathor (pilier de sa tombe).

Intérieur de la tombe d'Aménophis II, fils de Thoutmosis III.

Autoportrait de
Senmout, rival de
Thoutmosis III
(dans sa tombe
de Deir el-Bahari).

Tête d'Hatchepsout
retrouvée sur
la troisième terrasse
de son temple.

Thoutmosis III
sur son temple
en cours de fouilles.

L'armée de
Thoutmosis III et
d'Hatchepsout.
Détail du temple
à Deir el-Bahari.

Medinet Habou. Une partie du temple fut élaborée
par Hatchepsout et Thoutmosis III.

Le temple de Thoutmosis III fut construit juste à côté
de la chapelle d'Hathor.

Détail de la tombe de Roy, fonctionnaire de l'époque des Thoutmosides.

Représentation d'Hatchepsout dans une niche de la troisième terrasse de son temple.

Autel de la troisième terrasse du temple d'Hatchepsout où Hatchepsout et Thoutmosis honoraient Amon et Rê.

Chapelle rouge de Karnak élaborée par Hatchepsout (en cours de restauration).

Détail de la tombe de Roy.

Thoutmosis III offrant les vases globulaires sur le temple d'Hatchepsout.

Détail d'une tombe d'artisan dans le village des ouvriers aménagé par la dynastie des Thoutmosides.

Thoutmosis III.

La façade de la troisième terrasse du temple d'Hatchepsout.

Statue osiriaque d'Hatchepsout sur la troisième terrasse.

Détail de la tombe d'un fonctionnaire de la Vallée des Nobles, époque des Thoutmosides.

Village et nécropole des ouvriers des tombes organisés par les Thoutmosides.

Le rival d'Hatchepsout

– La guerre est inévitable, maître tout-puissant.
Ce n'est pas toi qui l'a voulue. Mais il faut défendre
notre territoire. Tu l'as juré devant les dieux en prenant le pouvoir, le jour même de ton couronnement.

– Je connais mes obligations, répondit le roi.
Mais la rumeur est parfois hostile et déforme les
faits. J'ai déjà mené une campagne. Beaucoup
d'Égyptiens ont prétendu que je voulais mettre l'armée de mon côté pour chasser Hatchepsout.

– Et cette campagne était-elle bien utile ?

– En douterais-tu ?

Menkheperrêsen réfléchit.

– Aujourd'hui, au vu des événements, on peut
affirmer que tu avais raison. Mais rien ne laissait
présager une telle coalition contre l'Égypte...

– Comme je le répète souvent, le règne d'une
femme affaiblit un pays. Djéhouty m'a raconté que
d'anciens traîtres égyptiens qui avaient autrefois
comploté contre mon grand-père avaient réussi à
s'enfuir au Mitanni. Ils ont aidé le roi du Mitanni à
préparer la guerre contre l'Égypte et se sont introduits à la cour à l'insu de la reine Hatchepsout.

– C'est exact, répondit Menkheperrêsen. Ces
traîtres sont avides de vengeance. À l'époque,
Thoutmosis Ier et Ahmose, son illustre Épouse,
auraient dû les condamner à mort et les faire saisir
avant qu'ils n'eussent le temps de quitter Thèbes.

– Voilà une erreur que je n'aurais jamais commise !

– J'en suis persuadé, répondit Menkheperrêsen
en remontant sur son char. Je vais t'accompagner
au palais. Je connais parfaitement les registres des
armes.

165

Thoutmosis

Tous deux encouragèrent les recrues à faire aussi de la course à pied et de la lutte à mains nues. Quand ils s'éloignèrent, Menkheperrêsen dit au roi tout le bien qu'il pensait des soldats.

– Je suis cependant persuadé que la plupart manquent d'expérience, conclut-il. Je crains le pire.

– Moi aussi, dit Thoutmosis. Ces hommes sont restés trop longtemps inactifs ! Hatchepsout en a fait des paysans. Ce ne sont plus des soldats !

– N'oublie pas qu'ils vont devoir affronter des hordes plus nombreuses que nous ! Des hommes surentraînés !

– Je sais tout cela mais comment puis-je faire ? Je ne vais pas reconstituer une armée efficace et importante en quelques jours. Il faudra les encourager, les surévaluer, les haranguer sans cesse. Je crois beaucoup à la force de conviction d'un chef militaire. Ce sera notre rôle, mon ami, et nous le tiendrons !

– Compte sur moi. Toutefois, rien n'est gagné. L'Égypte sera peut-être demain la proie des envahisseurs.

– Qu'Amon me soutienne ! Nous n'avons plus qu'à prier. Garde cette discussion secrète. Je ne veux effrayer ni nos troupes ni notre peuple. Si nos soldats perdent confiance, nous serons vaincus avant d'avoir commencé la guerre !

XIII

Après s'être abondamment parfumée, Méryrêt traversa le corridor qui conduisait à la chambre de son époux et s'enquit de son emploi du temps.

– Pharaon, Horus d'or, m'a dit qu'il se rendait sur le terrain d'entraînement, confia-t-elle à Rekhmirê qui attendait le roi devant la porte de ses appartements. Toi qui le connais mieux que personne et qui es au courant de ses moindres faits et gestes, sais-tu quand mon époux a décidé de revenir au palais ?

Les yeux vitreux, Rekhmirê regarda la Grande Épouse royale avec étonnement. N'était-elle pas mieux placée que quiconque pour répondre à cette question ?

– Je t'interroge, insista Méryrêt en comprenant sa surprise, parce que je souhaite faire préparer pour le roi un festin qui le charmera. Mais je dois savoir s'il compte rentrer au palais avant la nuit tombée.

– Je l'attends, répondit Rekhmirê. Il doit me parler de la prochaine campagne. Mais je n'ai pas eu l'occasion de le voir ce matin. Je ne sais donc pas s'il reviendra au moment où Rê sera au zénith ou

Thoutmosis

s'il attendra que le soleil décline. Il tient à contrôler l'entraînement des soldats. Je doute que cela se fasse en une matinée...

– Bien, répondit Méryrêt en s'éloignant. Je suis de ton avis.

Elle marcha d'un bon pas vers le harem du roi. Les gardes, étonnés de la voir en ces lieux, se hâtaient de lui ouvrir les portes. La tête haute, le port altier, le visage impassible, elle avançait sans regarder autour d'elle. Sa tunique moulante et transparente, qui arrivait au-dessus de ses chevilles, ses cheveux recouverts d'une perruque courte et lui-sante, son maquillage très travaillé et ses bijoux de turquoise et d'or, d'un grand prix, la distinguaient de toutes les femmes nobles qui se rendaient au palais.

Méryrêt avait tenu à être séduisante. Ses sandales dorées rehaussaient la couleur de ses pieds aux ongles vernis. L'uraeus qui ornait son front et entourait sa perruque lui conférait une indiscutable autorité. Ses grands yeux soulignés de khôl et de bleu clignaient légèrement sous ses sourcils redes-sinés. Sa bouche aux lèvres pulpeuses avait été rou-gie par les mains d'une maquilleuse experte, peu habituée à colorer cette partie du visage de la reine. Un large gorgerin turquoise, vert et rouge entourait son cou. Malgré sa lourdeur, la reine ne baissait jamais la tête.

– Majesté, Grande Épouse protégée d'Isis, dit la responsable du harem en se précipitant à sa ren-contre, que nous vaut ta visite ?

Le rival d'Hatchepsout

– J'ai décidé de m'occuper des harems de mon époux comme l'ont fait toutes les Grandes Épouses royales avant moi ! Je n'ai que trop tardé à choisir les femmes dont il pourrait s'entourer en plus de celles qu'il apprécie déjà, à marier celles qui sont trop âgées, à renvoyer du palais celles qu'il n'apprécie plus. Certaines femmes doivent égayer le harem du Fayoum qui reste le plus prisé des rois Montre-moi les filles qui sont ici !

La responsable s'inclina.

– Je ferai le mieux possible, dit-elle. Chacune vaque à cette heure à ses occupations.

– Pharaon est-il venu ici hier soir ?

– Oui, répondit la femme. Il est venu accompagné de ses amis, ce qui ne lui était jamais arrivé.

– De ses amis ? s'étonna la reine. Peux-tu me les décrire.

– Je ne connais pas leur nom mais je vais essayer de t'en donner une description. Sans doute les reconnaîtras-tu sans peine.

Méryrêt l'écouta attentivement et comprit aussitôt qui accompagnait la veille Pharaon dans son harem. « Rekhmirê me semblait bien étrange ce matin. Je comprends mieux son attitude. Si son épouse apprenait cette escapade, elle ne le lui pardonnerait pas. Car si les Égyptiens ont droit à des concubines, nos hauts fonctionnaires n'ont pas l'habitude de tromper leur épouse. »

– Écoute-moi bien, reprit la reine. Qu'ont fait ces hommes et quand sont-ils partis ?

– Ils se sont réjouis, ont passé du bon temps. Ils ont bu, joué, plaisanté en bonne compagnie...

Thoutmosis

– Et ensuite ?

– Ils ont choisi une femme du harem.

– Tu prétends donc que même les amis de Pharaon ont connu l'amour avec une femme du harem royal ?

– Bien sûr.

– Viens par ici et assieds-toi, lui dit encore la reine pour ne pas l'effrayer et tenter d'en savoir davantage.

La responsable ordonna à une suivante de servir de la bière et d'apporter des pâtisseries au miel. Toutes deux s'assirent sur un divan confortable.

– Je reconnais que ces senteurs et ces agréables divans donnent envie de se laisser aller à la volupté, dit la reine en regardant autour d'elle. Fais rassembler les jeunes femmes qui sont ici. En attendant, dis-moi avec qui le roi a passé hier le reste de la nuit.

– Je ne puis l'affirmer avec certitude, répondit la responsable en rougissant.

– Allons ! Tu es au courant de tout ce qui se passe ici !

– Le roi était en compagnie de Kertari.

– Une Égyptienne ?

– Non. Une femme originaire du Mitanni...

– Jeune ou vieille ?

– Très jeune, Reine divine. Pharaon n'aime que les adolescentes !

– Est-elle seulement belle ?

– Je le crois. Le roi a bon goût.

– Bien ! Et tu m'assures qu'ils sont restés ensemble toute la nuit ?

Le rival d'Hatchepsout

– Non. Car ils sont effectivement partis ensemble mais ils ont quitté le palais.

– Comment ?

– Oui, reine. Le roi a emmené Kertari hors du palais. Je crois qu'ils sont partis en direction de la mare. Les gardes sont rentrés quelques instants plus tard parce que le pharaon les avait congédiés après leur avoir demandé de l'attendre près de la barque. Pharaon n'est revenu que ce matin.

– Seul ?

– Non, avec Kertari,

– Dis-moi qui je peux interroger pour en savoir plus...

– Ceux qui ont aménagé un kiosque au bord de la mare. On ne peut s'y rendre qu'en bateau. Ce kiosque devait abriter les amours du roi et de celle qu'il avait choisie pour la nuit.

Méryrêt se contint d'éclater de rage.

– Le roi change souvent de femmes..., avança la reine en buvant une gorgée de bière tiède.

– Avant, il changeait toutes les nuits de jeunes femmes. Maintenant, je sais à l'avance qu'il fera appeler Kertari. Nous la préparons en conséquence quand nous apprenons sa visite. Elle doit être à son goût. Il nous donne parfois des directives.

– Depuis quand la préfère-t-il aux autres femmes ?

– Je ne puis le dire exactement.

– Bien. Je crois qu'elle a sa place au harem du Fayoum où nous la comblerons de bijoux et de richesses. Elle sera sans doute heureuse d'apprendre que le roi l'y rejoindra toutes les fois qu'il ira chasser dans le Delta.

Thoutmosis

– Pharaon n'en a guère l'occasion…

– Kertari a bien de la chance. Elle possédera bientôt une terre et des bêtes. Nous lui donnerons un trésor. Elle vivra plus agréablement qu'à Thèbes.

La responsable se garda bien de contredire la reine.

– Je vais la chercher, dit-elle.

– Rassemble les autres dans la petite cour. Je vais leur parler et les regarder attentivement.

Kertari se présenta bientôt devant la reine. Intimidée, les joues rosissantes et le regard légèrement apeuré, elle s'inclina sans mot dire. Méryrêt l'observa. « Elle est plus jeune que moi, se dit-elle. C'est encore une enfant. Pharaon doit avoir le double de son âge. Cette Mitannienne n'a pas plus de quinze ans, peut-être moins. » La reine la trouvait trop menue.

– Kertari, lui dit-elle. J'ai appris que le roi t'appréciait…

– Je le crois, Favorite d'Isis, répondit la jeune fille.

– On m'apprend qu'il te rend visite chaque soir. Hier encore, la nuit fut douce pour toi dans le kiosque près de la mare…

– Je mentirais en disant l'inverse, dit Kertari.

– Et tu vénères Pharaon… Peut-être même l'aimes-tu…

– Je lui suis très attachée.

– Tu peux te retirer. Je viendrai te voir de temps en temps.

Le rival d'Hatchepsout

La reine se fit conduire dans la petite cour entourée de piliers et garnie de quelques plantes. Le haut des piliers en forme de lotus mêlait bleu et vert d'eau dans une harmonie délicieuse. Les rayons de Rê ne parvenaient pas à envahir le déambulatoire. Seuls de faibles rais blancs éclairaient les feuilles un peu sèches, rafraîchies par un jardinier. Les deux cents femmes du harem avaient répondu aux ordres de la responsable.

Méryrêt s'avança au milieu de la cour. Le soleil illumina alors le cobra argenté qui rehaussait son front. Toutes les femmes s'inclinèrent devant elle.

– Je tiens à toutes vous connaître, dit-elle. Vous allez vous aligner. Un scribe écrira mes volontés.

On alla aussitôt chercher l'un des scribes du harem qui prépara en hâte son matériel. Méryrêt passa devant chaque jeune femme, lui demandant son âge, son nom et ses origines.

– Note tout cela, dit-elle au scribe.

Puis elle ajoutait :

– Thèbes, Fayoum, Assouan ou Abydos, selon qu'elle destinait les unes ou les autres à tel ou tel harem.

Elle concluait parfois par un « trop vieille », un « peu agréable », une précision sur des « traits trop durs », des « cheveux trop longs », des « membres trop maigres ».

– Je vais emporter ce papyrus et reviendrai bientôt, dit-elle à la responsable en prenant le rouleau de la main du scribe. Ce harem doit être révisé. Certaines femmes sont là depuis le règne de Thoutmosis Ier.

Thoutmosis

En sortant du harem, Méryrêt tomba sur son époux qui l'interrogea sur sa présence en ces lieux. Sans se démonter, la Grande Épouse royale lui répondit qu'elle avait l'intention de veiller sur lui.

– Tous les rois ont eu des harems dignes d'eux. Le tien mérite d'être rajeuni. J'ai l'intention d'y faire entrer de nouvelles jeunes femmes qui feront tes délices.

Le pharaon éclata de rire.

– Isis aurait-elle troublé ton sommeil ? Depuis quand t'incite-t-elle à agrandir mon harem alors que tu me reproches de te délaisser ?

– J'ai décidé d'agir comme une Grande Épouse doit le faire. Il est normal qu'un pharaon tel que toi ait un harem de qualité et que les plus belles femmes t'accompagnent dans tes déplacements vers tes autres harems.

– Je ne peux que t'approuver.

Rekhmirê qui écoutait ce discours soupçonna aussitôt Méryrêt de comploter quelque manigance.

– Fais-moi confiance et laisse-moi m'occuper de toi, dit encore Méryrêt en serrant le rouleau contre sa poitrine.

– Que portes-tu là ?

– De précieux renseignements qui me permettront de te servir au mieux. Je te promets que d'ici peu tu auras de nouvelles femmes qui te combleront. Je connais tes goûts...

– Cette attitude me plaît, répondit le pharaon en l'approuvant.

Méryrêt le laissa, un sourire entendu au coin des lèvres.

Le rival d'Hatchepsout

– Me laisses-tu les coudées franches ?

– Absolument !

– Tu ne seras vraiment pas déçu !

Dès qu'elle eut atteint le bout du couloir, Rekhmirê se rapprocha du roi.

– Nous allons établir un plan précis de cette campagne, dit Thoutmosis.

– La Grande Épouse prend soin de toi... Elle m'a interrogé sur nos activités de la nuit dernière. J'ai dû lui avouer que nous étions ensemble...

– Je te promets qu'elle gardera le silence et qu'elle ne parlera pas à ton épouse. Je connais Méryrêt-Hatchepsout !

– Ce n'est pas là ce que je redoute. Méryrêt a toujours été jalouse. Je m'interroge sur son attitude.

– N'y pense plus. Les dieux nous envoient bien d'autres problèmes à régler !

*

*   *

Méryrêt s'enferma dans son bureau. Sa fidèle confidente lui demanda ce qu'elle pensait de Kertari.

– Elle est mignonne mais elle manque de caractère. Je n'aurai aucune peine à l'éloigner du palais. Je la destine au harem du Fayoum. Loin de Thèbes, les risques d'accident sont nombreux. Les femmes secondaires se jalousent entre elles. Elles emploient le poison et le poignard lorsqu'elles sentent une menace.

– Et Kertari en sera une.

Thoutmosis

– Oui. À chaque fois que Pharaon choisit une femme plutôt qu'une autre, les autres se liguent contre elle. Il suffira que le roi lui rende visite plusieurs fois de suite pour que sa vie soit en danger. Dès que le roi aura quitté le Fayoum, elles se vengeront sur cette pauvre fille. Je doute qu'elle reste dans le harem. Elle sera trop heureuse d'accepter notre offre et de vivre dans un beau domaine loin du Delta.

– Que dira le pharaon ?

– Il l'oubliera vite…

– Grâce aux autres filles que tu auras choisies pour lui. Tu préfères qu'il en ait cent plutôt qu'une seule qu'il risquerait d'aimer.

– Tu es très fine…

– Et toi très maligne, digne épouse. Je crois que tu agis avec beaucoup d'intelligence.

– J'ai ressenti une curieuse impression en voyant cette Kertari. J'avais la sensation que la responsable la protégeait, qu'elle en savait plus qu'elle ne voulait me le dire…

– C'est une femme servile. Elle t'obéira de peur de perdre sa place.

– J'y compte bien ! Voilà toutes les notes que le scribe a prises. Aucune femme dangereuse ne restera ici. Si l'une d'entre elles s'impose plus que de raison, je l'enverrai aussitôt dans un harem peu fréquenté par le roi. Tu m'aideras à les surveiller. Celles qui ont des fils devront faire l'objet d'une attention particulière.

– Je serai très vigilante. J'en connais beaucoup. Elles ne se méfieront pas de moi et je promets de te tenir au courant de tout. Aucune n'aura le loisir de s'imposer ni de mettre en avant l'un de ses fils. Si le roi leur rendait visite plus souvent qu'à d'autres, tu le saurais tout de suite.

– Je crois qu'ainsi la déesse Maât et les divinités protectrices de l'amour et des femmes jetteront sur mon mariage un voile protecteur.

Méryrêt semblait satisfaite. Elle croyait avoir trouvé un moyen infaillible de surveiller les femmes du harem. Pourtant, dans un coin de sa chambre, Kertari priait la déesse Isis de l'aider. Elle avait compris que la Grande Épouse avait jeté sur elle un regard suspect. Elle tremblait en redoutant une sentence.

– Faites que le roi me protège. On dit que la reine est redoutable. Que suis-je face à elle ? Je n'ai aucun pouvoir. Comment me traitera-t-elle si le roi se trouve pendant des mois loin de Thèbes ?

Kertari reprenait cependant courage lorsqu'elle revoyait le roi penché au-dessus de son visage en train de lui murmurer des mots doux et d'embrasser le haut de sa gorge. Comme il était prévenant et attentionné !

– Je crois bien que je l'aime, se dit Kertari en prenant soudain conscience des sentiments qu'elle éprouvait pour le roi. Ai-je le droit de le considérer comme je considérerais un autre homme ?

Puis elle ferma les yeux et s'endormit. Les paupières gonflées et les joues rougies par les pleurs, elle trouva enfin le repos. Thoutmosis lui apparut en rêve, beau et amoureux. Elle revécut alors les

177

Thoutmosis

moments exquis qu'elle avait passés près de lui en se moquant des agissements de la Grande Épouse comme si Meryrêt ne pouvait porter atteinte à son inaccessible amour.

XIV

Le chef de la police entra au palais très dépité. Il devait se présenter devant le roi et n'avait obtenu aucun résultat concret. Le visage fermé, un papyrus sous le bras, il arpentait le couloir, la tête baissée, se demandant comment il se justifierait devant le roi.

« Il est déjà de très mauvaise humeur. Je l'entends parler d'ici. Jamais il ne me pardonnera un tel échec. »

– Tu peux entrer, lui dit un garde en laissant sortir l'interlocuteur du pharaon qui paraissait, lui aussi, très ennuyé.

Le chef de la police pénétra dans le bureau aux senteurs d'encens. Le roi y travaillait depuis l'aube.

– Enfin te voilà ! dit-il en agitant un calame dans sa main. J'espère que tu m'apportes d'excellentes nouvelles car je suis las de tous ces incapables qui m'entourent ! Est-ce si difficile de faire bâtir des pylônes ou de tailler des obélisques ? Est-ce si ardu de préparer une armée au combat ?

– Je le crois, en effet, répondit le chef de la police. Ce sont des tâches beaucoup plus dures que de rechercher une reine et pourtant...

Thoutmosis

Le pharaon le regarda sévèrement en fronçant les sourcils. Il avait posé le calame plein d'encre sur une feuille de papyrus aux contours irréguliers.

– Par Horus, ne me dis pas que, toi aussi, tu as échoué !

Le chef de la police baissa de nouveau la tête et pria le roi de le pardonner.

– Seigneur des deux Égyptes, Horus d'or, roi tout-puissant, je ne demande qu'à te servir mais tu m'as confié là une impossible mission…

– Comment oses-tu prétendre qu'il est impossible de retrouver le corps d'une reine qui a mystérieuse-ment disparu !

– Peut-être l'a-t-on enterrée dans la Vallée des Morts. Mes hommes ne peuvent fouiller tout le désert.

– Et qui aurait agi ainsi ?

– Quelqu'un qui voulait la protéger de peur que son corps ne fût profané.

– Si tu en sais plus, parle !

– Non, Seigneur. Ce ne sont que des hypothèses. Nous avons interrogé tous les paysans, tous les habitants des villages voisins. Ils nous ont répondu franchement. Je suis persuadé qu'ils n'ont pas revu la reine depuis son départ du palais. J'imagine donc qu'un Thébain a voulu dissimuler son corps pour le protéger.

– À qui penses-tu ? À son cocher ?

– Non. Plutôt à un prêtre.

– Un prêtre du temple de Karnak ou de son temple de millions d'années ?

Comme le chef de la police ne répondait pas, le roi avança quelques noms.

Le rival d'Hatchepsout

– Le grand prêtre de Karnak ? Tu penses à lui, n'est-ce pas ?...

– Je n'ai rien dit de tel, se défendit le chef de la police. Je ne comprends pas pourquoi notre enquête n'a pas abouti.

Le roi se prit la tête à deux mains. Il réfléchit quelques instants puis congédia le chef de la police sans lui donner de sanction. Il fit aussitôt appeler ses amis.

– J'ai de mauvaises nouvelles, leur dit-il en leur apprenant l'échec de la police.

– Nous devons partir en campagne, lui dit Rekhmirê. Nous n'avons que trop tardé.

– Je suis de cet avis, dit Menkheperrêsen. Oublie maintenant Hatchepsout et sauve ton pays !

– Je vais donner des ordres pour que son mobilier funéraire et les biens qu'elle aimait soient placés dans sa tombe. Les ouvriers ont travaillé dur et bien avancé les travaux. Ses bijoux seront également placés près du sarcophage. J'organiserai une cérémonie funéraire avant mon départ.

– Sans la momie d'Hatchepsout ?

– Sans elle. Que puis-je faire d'autre ? Si je ne fais pas une telle cérémonie, le peuple thébain espérera toujours son retour. L'Égypte doit tourner cette page malheureuse de son histoire ! Une femme sur le trône, quelle honte !

– Et après ? s'inquiéta Menkheperrêsen.

– Ce sera ma dernière action importante avant mon départ. Je n'aurai plus qu'à vénérer Amon à Karnak et à gagner le nord du pays. Dans quelques jours, nous serons sur le champ de bataille !

Thoutmosis

– Ton discours me réjouit, dit Menkheperrêsen en applaudissant. Les hommes et les armes sont prêts ! L'ennemi n'aura qu'à bien se tenir. Je parie sur notre victoire ! Nous l'emporterons avec notre fougue et notre adresse...

– Et avec l'aide des dieux, ne l'oublie jamais, ajouta Thoutmosis.

Un singe bleu sauta sur le rebord de la fenêtre.

– Tiens ! Le singe de la reine, remarqua Thoutmosis. Est-ce un clin d'œil de ma tante ? Chassez cet animal envahissant !

Mais le singe, très excité, saisit une branche souple et se balança en poussant des cris.

– Depuis qu'il attend sa maîtresse, il est insupportable. Les serviteurs ne parviennent pas à l'attraper !

– Il se calmera. Il faudra bien que tout le monde accepte la disparition d'Hatchepsout une fois pour toutes. Bientôt, son image et son nom seront martelés. Les Égyptiens n'y penseront plus. La reine restera une âme volant dans les cieux.

Le roi décida de reporter la fête consacrant le nouveau vizir du Sud à son retour de campagne. En revanche, dès les jours suivants, le pharaon rendit hommage à Hatchepsout. Un long cortège quitta le palais en direction du Nil. La barque royale était en tête. Venaient ensuite les embarcations des hauts fonctionnaires et des prêtres. Le mobilier et les biens précieux de la reine avaient été placés sur de larges barges. Des pleureuses se lamentaient en rappelant les bienfaits

Le rival d'Hatchepsout

d'Hatchepsout. Le peuple observait du rivage ce cortège étrange qui ne transportait pas le corps d'un pharaon mais uniquement ses bijoux et ses richesses. Muet, étonné, ne sachant comment se comporter, il paraissait triste. Quelques Thébains crièrent finalement les noms d'Hatchepsout en lui souhaitant une vie merveilleuse dans l'Au-Delà.

La cour et le pharaon débarquèrent sur l'autre rive aux sons des sistres. Tous poursuivirent leur chemin à pied. Des chars transportèrent les tables et les jarres remplies de produits de maquillage. Les coffres à vêtements avaient été placés sur un autre véhicule tiré par des taureaux blancs que les prêtres souhaitaient sacrifier en l'honneur d'Amon. Là encore, devant les maisons pauvres et peu nombreuses, ombragées de palmiers, les habitants observaient ce défilé insolite, les yeux secs et surpris.

– Es-tu convaincu d'avoir agi au mieux ? demanda, inquiète, Méryrêt à son époux en se penchant vers lui. Et si Hatchepsout n'avait pas rejoint l'Au-Delà ? Si le cocher avait menti ? Si cette histoire n'était qu'un stratagème ?

– Je veux mettre un terme au règne de ma tante. En laissant le doute dans les esprits des Thébains, j'ai l'impression que je ne régnerai jamais en maître absolu.

Le cortège déambula jusqu'au plus profond de la Vallée des Morts. Il s'arrêta devant la tombe aménagée par les ouvriers. Le grand prêtre chanta un hymne en l'honneur d'Amon.

Thoutmosis

– Seigneur des deux pays, nous ne pouvons procéder au rite de l'ouverture de la bouche pour permettre à l'âme du défunt de s'envoler vers les cieux, dit le prêtre, embarrassé.

– Prions les dieux pour qu'il en soit ainsi, répondit le roi. Je ne désespère pas de retrouver la reine. Nous pourrons alors procéder à de vraies funérailles.

Des serviteurs descendirent dans le couloir étroit, utilisant des cordes pour tirer les meubles les plus lourds.

– Le mobilier d'Hatchepsout n'est guère important, remarqua le prêtre.

– Pas plus que ses autres biens. Tout cela n'est que symbolique. Nous finirons d'aménager sa tombe et nous disposerons des offrandes quand la reine sera enfin placée dans son sarcophage.

– Jamais encore nous n'avons procédé ainsi…

– Je le sais, répondit le roi. Mais à situation exceptionnelle, décision exceptionnelle.

– Décontenancés par cette caricature d'enterrement, les hauts fonctionnaires se retirèrent, sceptiques.

*
*   *

Le lendemain, le roi se rendit à Karnak pour honorer Amon. Le peuple rassemblé acclama le pharaon.

– Nous avons disposé la statue d'Amon dans une pièce provisoire, lui dit le grand prêtre. Puisque tu voulais que sa chapelle fût détruite avant ton départ, il nous a fallu trouver un autre emplacement.

Le rival d'Hatchepsout

Le roi s'avança jusqu'à la statue du dieu abritée d'un baldaquin. Personne d'autre que lui n'avait accès à cette effigie sacrée. Thoutmosis se prosterna devant le dieu et le supplia de l'aider pendant la guerre. Il lui promit de nombreuses offrandes dès son retour à Thèbes.

Quand il eut terminé, le prêtre qui l'accompagnait lui demanda de sortir de la pièce sombre à reculons.

– Ne tourne jamais le dos à la divinité, lui rappela-t-il.

– Je ne l'oublierai jamais, répondit le roi en s'éloignant. Le dieu est-il satisfait ?

– On dit qu'Amon s'est manifesté autrefois pour désigner tel ou tel pharaon...

– Comme il l'aurait fait pour Hatchepsout ?

– Je n'ai remarqué aucun signe en ce jour important...

– Commençons les sacrifices. Que les fumées montent vers les cieux. Que les cuisses des taureaux rôtissent ! Que le dieu se rassasie avec les meilleurs morceaux !

Chacun exécuta les volontés du roi. Après les célébrations officielles, les familles rentrèrent chez elles, invitant des amis. Toutes les maisons brillaient de mille feux. Des chants s'élevaient de la moindre baraque. Les enfants riaient aux éclats. On avait oublié que des soldats partiraient deux jours plus tard au combat. Les Égyptiens fêtaient Amon, oubliant tous leurs tracas. Peut-être les mères tremblaient-elles déjà à l'idée de se séparer de leurs fils ou de leur mari mais elles ne le montraient pas. Sur leurs visages épanouis se lisaient la fierté et l'orgueil.

Deuxième partie

XV

Les trompettes retentirent dans la cour. Un prêtre réveilla aussitôt Pharaon.

— Remercions le Soleil de s'être encore levé en ce jour, dit-il au roi.

Thoutmosis prit soudain conscience que le moment du départ était enfin arrivé. Son torse était mouillé de sueur car la nuit avait été chaude. La chaleur se faisait de plus en plus pénible à supporter. Pourtant, l'étoile la plus brillante n'apparaissait pas encore dans le ciel.

— Pourquoi ne pas m'avoir réveillé plus tôt ? dit le roi après avoir honoré Rê. Je n'aime pas être pris au dépourvu. Méryrêt savait pourtant que je voulais être debout avant l'aube.

— J'ai jugé bon de te laisser quelques instants de plus de repos. L'eau de la clepsydre s'est écoulée lentement. Cette nuit, tu as tenu à te rendre au harem et tu me paraissais bien fatigué…

— J'ai partagé ta couche, belle Méryrêt, souligna aussitôt Thoutmosis.

— En sortant du harem où tu avais déjà honoré de nombreuses femmes. Voilà pourquoi ton départ pouvait bien attendre…

Thoutmosis

– Non. Tu aurais dû me réveiller. Tu te trompes en imaginant que Pharaon a visité cette nuit plusieurs femmes. Seule la Grande Épouse l'intéressait. Il est vraiment très tard. Nous allons être obligés de progresser en pleine chaleur. Plus tôt nous serons partis, mieux cela vaudra.

Le roi se laissa laver en hâte. Puis il revêtit son pagne et sa ceinture ornée de son cartouche. Il se parfuma abondamment et enfila ses chaussures en cuir souple. Sa peau sentait l'huile parfumée de myrrhe.

– Je tenterai de ne pas montrer ma tristesse au peuple, dit Méryrêt mais Pharaon nous manquera.

– Rassure-toi, je serai bientôt de retour même si je dois repartir pour de nouvelles campagnes.

– Sauve l'Égypte de ces envahisseurs, lui dit seulement Méryrêt en l'accompagnant vers la porte et en lui donnant un baiser. Envoie-moi des messagers. Mes pensées seront sans cesse avec toi.

Non loin de là, Kertari guettait la sortie du roi. Le nez à la petite fenêtre de sa chambre, elle entendait les chevaux piaffer d'impatience et distinguait à peine les chars lourdement chargés de victuailles et d'armes. Elle se pencha davantage au moment où elle décela les clameurs saluant l'arrivée du roi. Quand Thoutmosis III monta sur son propre char d'or, elle ressentit une violente émotion. Son cœur se mit à battre dans sa poitrine. Qu'il revienne sain et sauf ! demanda-t-elle aux dieux. Mais elle se sentit soudain envahie de fièvre. Elle regarda au loin l'horizon infiniment bleu et s'évanouit.

Le rival d'Hatchepsout

– Allons-y ! cria le roi.

Le cortège se mit lentement en branle. Tous vêtus d'un pagne blanc, la poitrine souvent dénudée, la tête protégée d'un simple morceau d'étoffe, les soldats avaient perdu leur sourire de la veille. Ils paraissaient concentrés sur leur lance ou leur route. Les yeux fixés sur la piste, les cochers guidaient les chevaux sous les vivats de la foule installée des deux côtés de la voie.

– Allez, Pathmès, souris ! dit le roi à celui qu'il avait choisi comme cocher. Tu as autrefois accompagné une femme au combat. Tu vas lutter à côté d'un vrai guerrier. N'est-ce pas plus valorisant ?

Pathmès refusait d'adresser la parole au pharaon. Il avait appris sans joie qu'il serait le cocher du roi pendant cette campagne.

– Je ne pouvais tout de même pas te laisser à Thèbes alors que nous allons risquer notre vie, reprit le roi en tenant son arc à la main. Tu lances ton char contre l'ennemi mieux que personne. Je combats en première ligne. J'ai donc besoin d'un bon conducteur !

Mais Pathmès refusait toujours de répondre. Il priait tout bas Amon de l'aider à supporter cette épreuve et demandait pardon à Hatchepsout de la trahir.

– Tu as tenu à ce que je t'accompagne parce que le corps de la reine n'a toujours pas été retrouvé, finit-il pas dire.

– C'est en partie exact, répondit le roi en riant de toutes ses dents. Tu es malin. Je n'ai aucune confiance dans cette intrigante. Tant que je n'aurai

191

pas retrouvé son corps, je me demanderai si tu m'as dit la vérité.

– Tu peux ainsi me surveiller…

– Exactement. Mais rassure-toi ! Ce n'est pas là l'unique raison qui m'a fait me tourner vers toi et te choisir comme cocher.

– Quelle est donc cette raison ?

– Je te l'ai dit. J'apprécie ton courage et ton adresse. Rares sont les cochers de ta trempe. On m'a raconté tes exploits !

– Je les ai accomplis lorsque j'étais jeune. Aujourd'hui, je me ferai tuer d'un trait dès le premier combat.

– Je te déconseille de baisser les bras, répondit sévèrement le roi. Si je te sens faiblir et si tu mets ainsi la vie de Pharaon en danger, je te punirai.

La poussière de la piste les envahit bientôt. Les dernières maisons thébaines apparaissaient derrière les palmiers.

– Les hommes ont déjà soif, vint lui rapporter Menkheperrêsen.

– Nous ne ferons pas une halte avant que le soleil ne soit au zénith. Qu'ils se contentent pour le moment de leur gourde.

*
* *

L'armée égyptienne fit plusieurs étapes avant d'arriver au Delta. Le roi ne souhaitait pas perdre de temps. Il voulait parvenir le plus vite possible à Gaza sans ménager ses soldats. Lui-même ne lési-

Le rival d'Hatchepsout

nait pas sur les conseils et les encouragements. Debout dans son char, la lance en avant, il pressait les fantassins, interpellait les conducteurs de chars. En longeant le littoral, les Égyptiens croisèrent quelques marins crétois venus vendre leurs vases à Gaza, que le roi avait soumise quelques mois avant.

Las d'un si long périple à travers le Sinaï, ils avaient hâte d'arriver. Lorsqu'ils virent enfin les toits plats des maisons de la cité alliée, ils levèrent leurs armes en signe de joie. Le roi avait, en effet, prévu de se reposer dans cette ville acquise aux Égyptiens. Les soldats établirent leur campement aux portes de la ville. Ils ne laissèrent pas sans soulagement leur bouclier, leur arc et leur massue devant leur tente.

– Nous ne resterons ici qu'une seule nuit ! leur dit le roi.

Comme des mouvements d'humeur se faisaient entendre, le pharaon crut bon de s'expliquer.

– Je ne veux pas être repéré par l'ennemi. Plus vite nous avancerons, plus vite nous l'emporterons. Nos éclaireurs nous ont indiqué la position de nos adversaires. Nous nous trouvons encore loin de leurs armées.

Les soldats finirent par se taire. Ils étaient trop las pour discuter. Ils se couchèrent après avoir pris un rapide dîner à la chaleur d'un feu de bois car les bords du rivage étaient plus frais que les rives du Nil. Puis ils se laissèrent bercer par la brise marine et s'endormirent.

Le roi les fit réveiller de bon matin. Il s'était à peine assoupi afin d'établir un plan d'attaque.

Thoutmosis

– Allons ! leur dit-il en les haranguant de nouveau. Ne laissons pas le temps à nos ennemis de
trouver de nouvelles recrues ou de nouveaux alliés !
Mettez-vous en colonne et partons !

L'armée égyptienne se dirigea vers le pays
d'Amourrou en laissant derrière elle la mer et sa
fraîcheur pour affronter des collines inconnues où
poussaient quelques oliviers noueux. Ils rencontrè-
rent des nomades regroupés en tribus qui se mon-
trèrent effrayés par l'importance de l'expédition. La
plupart réunirent leurs affaires et s'enfuirent à
l'approche du pharaon.

Le roi avait bien d'autres préoccupations : il guettait le sommet des collines. Il savait que l'ennemi
connaissait les moindres recoins de ces régions.
« Le gros de la troupe se trouve loin d'ici. Mais où
sont donc les autres soldats ? »

Au bout de plusieurs jours de marche, le roi jugea
bon d'établir un campement et de laisser ses soldats
se reposer. Menkheperrêsen lui fit remarquer qu'ils
n'étaient plus capables de combattre et qu'ils per-
draient à coup sûr une bataille livrée précipitamment après une si longue marche.

Toutefois, le pharaon ne voulait pas s'attarder.
Devant lui s'étalaient des promontoires rocheux,
des défilés inhospitaliers et redoutables, connus
des seuls autochtones. L'un de ses éclaireurs le
rejoignit au camp. Il signalait la présence de l'ennemi à Meggido, à deux journées de marche de leur
campement.

194

Le rival d'Hatchepsout

– Je me demande pourquoi nos autres éclaireurs tardent à revenir, dit le roi à Menkheperrêsen. J'hésite à reprendre cette piste sans être plus amplement informé.

Le roi décida de réunir ses conseillers.

– Nous pouvons avancer vers l'ennemi à terrain découvert en empruntant cette vaste vallée. L'ennemi semble regroupé devant la place forte de Meggido. Je ne sais s'il nous laissera le temps de nous déployer et de nous mettre en ordre de bataille. Je crains aussi que nos adversaires ne soient plus nombreux que prévu. Certains ne sont-ils pas cachés dans les collines au sud de Meggido ? Nous escaladerions ces collines avec peine à la merci de leurs flèches et de leurs lances !

– Que décides-tu ? demanda Amenmen.

– Et vous ? Un éclaireur m'a signalé une gorge étroite non loin d'ici. Si nous l'empruntons, nous arriverons tout près de l'ennemi et le surprendrons avant même qu'il n'ait le temps de s'organiser !

Comme les avis divergeaient, le roi décida de réunir un nouveau conseil de guerre le soir même.

– Pour l'instant, avançons ! Nous aviserons ensuite.

Alors que les soldats progressaient lentement sous la chaleur de Rê et que les bêtes peinaient, le roi décela soudain un danger.

– Que font donc nos éclaireurs ? demanda-t-il à Rekhmirê. Ils ne reviennent pas. Je n'aime guère ce silence. On n'entend même plus les rapaces.

Scrutant les dunes, le général Amenmen sortit des rangs et vint se placer à la hauteur de Thoutmosis III.

195

Thoutmosis

– Pharaon tout-puissant, je ne voudrais pas t'inquiéter. Mais j'ai cru voir un soldat en haut de cette dune.

Il tendit le bras vers le sommet.

– J'ai confiance en ton jugement, lui dit le roi. Je ne pense pas que tu confondes un mirage avec un véritable ennemi. Si tu me dis avoir vu un soldat, tu l'as réellement vu ! Je n'ai encore rien décidé mais je sens un danger.

– Nos éclaireurs devraient être revenus depuis longtemps. À mon avis, ils ont été faits prisonniers.

– Ainsi donc, le combat serait imminent...

– Je le crois, répondit Amenmen. Nous allons atteindre des défilés étroits et arides. L'ennemi nous y attend, j'en suis persuadé. Pourquoi combattrait-il en plein désert alors qu'il peut remporter une victoire facile en nous piégeant dans ces passes étroites. S'il combattait à découvert dans le désert et s'il l'emportait, l'ennemi serait obligé de poursuivre d'éventuels fuyards. En nous piégeant dans les défilés, il nous tuera tous avant que tu n'aies eu le temps de lever les yeux vers le Soleil.

– Je n'en suis pas persuadé, répondit le roi.

– Que faisons-nous ? demanda Amenmen, inquiet.

– Malheureusement, nous ne connaissons pas leur nombre.

– Envoyons d'autres espions.

– Ce serait inutile. Ils arriveraient trop tard... À moins de camper ici-même et d'attendre leur retour. Prendrons-nous le risque de nous faire surprendre pendant la nuit ?

Le rival d'Hatchepsout

– La seule solution est pourtant de rester ici tant que nous n'en savons pas plus. Tu ne peux mettre en péril la vie de tous tes soldats.

Le roi donna aussitôt l'ordre d'établir un camp. Il désigna deux cavaliers et leur recommanda de galoper au plus vite vers les défilés.

– Tant que vous n'aurez pas vu nos adversaires, ne revenez pas. Je souhaite connaître leurs forces. De nombreux pays se sont coalisés contre nous et je redoute le pire. Nous avons toutes les raisons de penser qu'ils peuvent nous exterminer en une seule bataille.

Les éclaireurs jurèrent de ne pas trahir le roi et de mourir sous la torture plutôt que de répondre aux questions des ennemis s'ils étaient faits prisonniers.

La tente du pharaon fut dressée au milieu du camp. Deux gardes se placèrent de part et d'autre de l'entrée. Sous les autres tentes, les soldats installèrent leur couchage.

– Dis-leur bien de ne pas faire de feux, précisa le roi à Amenmen. Le premier qui ne respectera pas mes volontés sera immédiatement puni !

– Les soldats s'interrogent, roi, lui répondit le général. Ils se demandent ce qui se passe. Ne pourrais-tu leur parler, leur expliquer la situation ?

– Je préfère attendre le rapport des éclaireurs et réunir de nouveau le conseil de guerre.

Amenmen n'insista pas mais il donna au roi quelques conseils.

– Je ne pense pas que l'ennemi attaquera de nuit. Nous sommes tranquilles jusqu'à demain.

Thoutmosis

– Je n'en suis pas persuadé, répondit Thoutmosis. Je me souviens des rapports de mon grand-père. Il déclarait que ces hommes étaient des fourbes et qu'il ne fallait jamais leur faire confiance.

– Les avait-il seulement combattus, roi tout-puissant ?

– Il les a rencontrés dans plusieurs batailles mais il les évitait souvent. Il jugeait que son armée n'était pas assez entraînée pour affronter de tels adversaires. Son objectif était pourtant de les mater un jour.

– Tu espères bien réussir ce que Thoutmosis Ier n'a pas eu le temps d'accomplir, dit Amenmen.

– Oui. Mais je serai prudent et je tiendrai compte des conseils de mon grand-père.

Amenmen se retira. Il sentait que le roi souhaitait réfléchir. Sous sa tente luxueuse aux tapis moelleux et colorés, Thoutmosis III imaginait, en effet, un plan efficace. La situation était bien différente de celle qu'il avait envisagée. Lui qui espérait attaquer l'ennemi par surprise se trouvait soudain en position d'infériorité. Il évaluait ses erreurs.

– Je pensais l'ennemi plus éloigné. J'ai été négligent. Il s'en est fallu de peu que nous ne soyons exterminés. Peut-être n'est-ce après tout que quelques soldats isolés ? Il faudrait les maîtriser.

Il supplia Amon de l'aider. Étendu sur sa couche, Thoutmosis fixait le plafond de sa tente. « Kertari me manque, se dit-il. C'est dans ces moments que sa présence me serait indispensable. J'aurais dû l'emmener dans le harem d'accompagnement. Pourquoi Méryrêt tenait-elle tant à s'occuper de ce

Le rival d'Hatchepsout

harem ? Elle se désintéresse habituellement de ces détails. Rekhmirê a raison. À y bien réfléchir, je trouve cette attitude singulière. »

Le roi n'était tenté par aucune autre femme. Aussi préféra-t-il rester seul. Il finit par s'assoupir. Mais, au milieu de la nuit, un grand bruit se fit entendre. Le roi se réveilla en sursaut et appela aussitôt ses gardes.

– Quels sont ces cris ?

– Des hommes ont encerclé notre campement !

– Qu'on réveille tout le monde et que chacun prenne ses armes !

Les cris redoublèrent. On entendit des claquements d'armes qui s'entrechoquaient. Thoutmosis sortit aussitôt de sa tente, croyant au début d'un combat. Il accrocha son poignard à son ceinturon et tenta de comprendre ce qui se passait. Amenmen et Menkheperrêsen accoururent vers lui.

– Que se passe-t-il ? demanda le roi en scrutant la nuit noire.

– Quelques cavaliers tournent autour des campements.

– Comment sont-ils habillés ?

Amenmen lui fit une description des armes et de la tenue des soldats.

– Quel comportement ont-ils ? Sont-ils agressifs ? Ont-ils envoyé un messager ?

– Pour l'instant, ils se contentent d'observer.

N'ayant pas l'intention de patienter, le roi regroupa ses soldats. Les Égyptiens étaient prêts à charger quand l'ennemi se retira. Agacé, Thoutmosis rappela ses troupes.

Thoutmosis

– Ces hommes sont des lâches ! lança-t-il en levant le poing en direction des cavaliers qui s'éloignaient.

– Non. Ils souhaitaient seulement nous donner un avertissement, dit Amenmen.

– Si nous ne nous étions regroupés en hâte, ils nous auraient attaqués par surprise. Je t'avais bien dit que ces gens-là n'étaient que des hypocrites !

– Je n'en suis pas si sûr. Je pense qu'ils avaient uniquement l'intention de nous menacer.

Les soldats restèrent toute la nuit sur le qui-vive. Se sachant repérés, certains allumèrent des feux et firent cuire des cuisses de viande qu'ils mangèrent à pleines dents. Les coupes de vin et de bière s'entre-choquèrent jusqu'à ce que les soldats s'endormissent au clair de lune.

Enfermé sous sa tente, Thoutmosis passa le reste de la nuit à revoir sa stratégie.

XVI

Un premier messager, envoyé par Pharaon, arriva au palais royal le même soir. Méryrêt se précipita pour confier le rouleau de papyrus à son scribe qui le lut attentivement.

– Le roi n'a donc pas rencontré l'ennemi. La progression de l'armée a été plus longue que prévu. Il ne sera pas de retour avant plusieurs semaines.

Dans le harem, Kertari attendait, elle aussi, des nouvelles de Thoutmosis. Une suivante de la reine s'introduisit discrètement dans sa chambre. Kertari se précipita vers elle et lui prit les mains.

– Viens vite. Raconte-moi ce que tu as appris. La reine sait-elle que tu es venue me voir ?

– Par Isis, si elle le savait, elle me tuerait ! Un messager a rapporté à la reine que Thoutmosis était parvenu dans le nord de l'Égypte mais qu'il n'avait pas encore combattu.

Kertari supplia aussitôt les dieux. Elle s'empara d'une amulette et la serra très fort contre sa poitrine.

– J'ai tellement peur que le roi ne se fasse tuer !

Elle porta la main à son ventre.

– Tu souffres, belle Kertari ? lui demanda la suivante en se précipitant pour l'aider.

201

Thoutmosis

– Ne t'inquiète pas. Des douleurs m'assaillent depuis le départ du roi.

– As-tu vu un médecin ?

– Non. Je préfère garder cela pour moi. Promets-moi de ne pas en parler. Seule la responsable du harem est au courant car je me suis évanouie lorsque l'armée égyptienne s'éloignait de Thèbes. Ce n'était pas par émotion. J'ai eu l'impression que le sol s'ouvrait sous mes pas.

La suivante la regarda étrangement.

– Je te promets d'être discrète, dit-elle. Toutefois, ne tarde pas à consulter le médecin du harem. Je connais ces symptômes…

– À quoi penses-tu ?

– Belle Kertari, les dieux te donneraient-ils la chance d'offrir déjà un fils au roi ?

– Tu imagines donc…

– Que tu pourrais bien attendre un enfant de Pharaon !

Kertari demeura interdite.

– Que me dis-tu là ? Je n'y suis pas préparée !

La servante la regarda, les yeux lumineux et émerveillés.

– Te rends-tu compte, Kertari ? Avoir un héritier du roi !

– Tu imagines des merveilles. Mais la déesse Hathor ne m'a sans doute pas élue pour ce rôle. Je ne connais Pharaon que depuis peu de temps. Je suis très jeune et…

– Par Isis, voilà bien là le langage d'une adolescente mal informée ! Une seule nuit avec le roi suffit à te rendre mère !

202

Le rival d'Hatchepsout

– Je n'y crois pas. Admettons, cependant, que tu aies raison. Je pourrais attendre une fille et non un garçon.

– Seul l'avenir nous le dira, belle Kertari. Mais songe à mes conseils. Je dois maintenant regagner les appartements de la reine.

Au moment où elle allait s'éloigner, Méryrêt entra dans le harem.

– Cache-moi, supplia la jeune femme en se recroquevillant sur elle-même. Il ne faut pas que la reine me voie !

Mais Méryrêt avait déjà aperçu sa servante. Elle avançait d'un pas décidé, prête à annoncer à chaque femme du harem le nom du palais qu'elle avait choisi pour elle.

– Que fais-tu là ? demanda-t-elle à sa servante sur un ton impératif. Ta place n'est-elle pas de servir la Grande Épouse ? Aucune de tes fonctions ne te contraint à venir ici. J'exige une explication.

Toutes les femmes s'étaient soudain arrêtées de parler et de jouer de la musique. Un grand silence envahit le harem. La servante tomba aux pieds de sa maîtresse.

– J'étais venue voir une amie, répondit-elle.

– Une amie ici ? Comment pourrais-tu avoir une amie dans un lieu que tu ne fréquentes jamais !

– J'y viens parfois, reconnut la servante en craignant d'être punie si elle mentait.

– Il est temps que je remette de l'ordre dans ce palais ! Retourne à ton travail ! Je statuerai sur ton cas plus tard.

Thoutmosis

Méryrêt appela, ensuite, chaque femme par son prénom. Toutes se courbèrent devant elle en attendant le verdict. Assise sur le trône de Thoutmosis, encadré de torches, Méryrêt se laissait éventer, répétant ce que le scribe lui lisait. Il s'agissait des précisions qu'elle avait elle-même apportées sur le papyrus.

Les femmes du harem acceptèrent les décisions de la reine sans montrer leur réticence. Elles se disaient sans doute que le roi n'aurait jamais agi ainsi et elles espéraient plus de clémence à son retour. Car la vie à Thèbes leur convenait parfaitement.

– Kertari ! appela le scribe.

La jeune femme se prosterna devant la reine.

– Tu vivras désormais dans le palais du Fayoum, dit Méryrêt.

La reine ponctua lentement ces mots comme si elle leur accordait une importance particulière.

– Tu partiras dans deux jours.

Kertari retint ses larmes avec peine.

– Bien, maîtresse des deux pays, dit-elle finalement en se relevant.

Mais, au moment où elle redressait la tête, elle s'évanouit aux pieds de la reine.

– Qu'on l'étende dans sa chambre, ordonna Méryrêt. Je suis surprise qu'une pareille nouvelle ne réjouisse pas une fille du harem.

– Je crois que Kertari a été, au contraire, très émue d'être choisie pour figurer dans le harem du Fayoum, intervint la responsable des lieux. C'est un tel honneur pour elle !

204

Le rival d'Hatchepsout

Méryrêt observa la responsable pour savoir si celle-ci lui mentait mais elle ne put rien deviner.

– Kertari est souffrante depuis plusieurs jours, ajouta la responsable. Ne peux-tu retarder la date de son départ ?

– Non, répondit Méryrêt. Il sera fait ainsi que je l'ai dit ! Au Fayoum, elle sera aussi bien soignée qu'ici. Le voyage n'est guère fatigant pour une adolescente.

Deux femmes se précipitèrent pour porter Kertari qui se mit à gémir.

– Vite ! Vite ! Par ici ! dit la responsable du harem en courant à côté d'elles. Attention à sa nuque. Du mauvais sang a dû pénétrer dans son corps. Étendez-la sur sa couche.

Elle exigea ensuite qu'on la laissât seule avec Kertari. Elle mouilla elle-même un linge propre et rafraîchit le front de la jeune fille.

– Te voilà enfin revenue parmi nous, par Hathor, dit-elle avec affection.

– Pourquoi t'occupes-tu de moi ainsi ? demanda Kertari en tentant de s'asseoir. Tu ne chéris pas autant les autres femmes du harem.

– J'ai perdu une fille de ton âge, avoua la responsable. Elle aussi était appréciée de Pharaon. Tu me rappelles tant son regard et sa gracilité ! Tu as les mêmes yeux naïfs. Que ressens-tu pour le roi ?

– Je ne sais pas, répondit Kertari en rougissant. Que devrais-je éprouver ? Nous devons respecter et aimer Pharaon sans nous poser de questions.

– Sans doute mais il me semble que tu n'es pas insensible à ses nombreuses visites. Les autres femmes commencent à jaser... Elles prétendent que tu consacres toute la journée à te préparer pour plaire au roi.

– Les dieux m'y incitent et les déesses m'aident à le satisfaire. N'ai-je pas intégré ce harem pour plaire au roi ?

– Tu ne comprends pas mes propos...

La responsable s'assit à côté de Kertari et la regarda avec tendresse.

– Tes émotions, tes rires joyeux quand le roi se trouve parmi nous, la flamme de ton regard ne m'ont pas échappé.

– J'avoue me sentir bien dans les bras de Pharaon et je souhaite parfois y rester toujours.

– Ainsi donc la décision de la reine te fait beaucoup de peine...

– Oui. Quand reverrai-je Pharaon ? Lorsqu'il rentrera à Thèbes, il aura bien d'autres occupations que de se rendre au Fayoum pour chasser !

– Sois patiente. J'ai remarqué que Thoutmosis III était attentif à ta santé et à tes volontés. Il satisferait le moindre de tes désirs. Peut-être te fera-t-il revenir ici ?

Kertari laissa ses bras retomber le long de son corps en signe de découragement.

– Quand notre Soleil, Seigneur des deux pays, reviendra, l'eau du Nil aura coulé vers la mer. Thoutmosis m'aura oubliée. Il se sera consolé avec de nombreuses femmes du harem d'accompagnement. Il aura fait des prisonnières à son goût.

– Le cœur des rois palpite parfois comme celui des simples humains, dit la responsable pour

Le rival d'Hatchepsout

encourager Kertari. Et maintenant, je vais appeler le médecin afin qu'il te prépare à ce voyage. Ne crains rien. Il est excellent. Il ne te fera aucun mal.

– As-tu une idée sur cette faiblesse qui envahit mon corps ? demanda Kertari.

– Oui.

– La servante de la reine a évoqué une bien étrange hypothèse.

– Laquelle ?

– Elle prétend que je pourrais attendre un enfant du roi.

– Je le pense aussi. Dans ce cas, tu deviendrais plus précieuse encore et il te faudrait prendre grand soin de toi.

– Cette perspective m'effraie tout en me réjouissant.

– N'aie crainte. Je te protégerai. Si tu vis loin de Thèbes, les déesses de l'enfantement, Thouéris et Hathor, t'assisteront.

– Viendras-tu au Fayoum ?

– Ce ne sera pas possible, dit la responsable en s'emparant de ses mains tièdes et en les portant à ses lèvres. Mais je suis convaincue que le roi ne restera pas insensible à ton état.

– Qui lui en parlera ?

– Tout se sait au palais. Nous pouvons faire en sorte qu'Horus d'or soit parfaitement informé.

– Je te remercie de tant de bonté. Je n'oublierai jamais ton aide et ta douceur à mon égard. Que les dieux te gardent !

Les deux femmes restèrent l'une près de l'autre sans parler. Kertari ne pouvait envisager une vie

Thoutmosis

loin de Thèbes. Elle eut soudain envie de pleurer contre la poitrine de cette femme qui lui rappelait sa mère. Elle approcha son fin visage de ses épaules épanouies et y laissa reposer sa tête.

– Mon enfant, murmura la vieille femme. J'aurais tant voulu te garder auprès de moi...

XVII

Dans le désert, aux abords de Meggido, la nuit s'acheva sans autres incidents. À l'aube, Thoutmosis III avait retrouvé la faim. Il but de la bière et mangea des galettes de froment de bon appétit puis il se laissa laver dans une petite baignoire. Tandis qu'une servante le parfumait, Amenmen pénétra sous sa tente.

– Où sont nos ennemis ? demanda le pharaon sans inquiétude.

– Je pense qu'ils souhaitaient nous donner un simple avertissement. Ils ont disparu.

– Bien ! Les dieux vont nous aider. Je ne crains rien !

– La nuit t'aurait-elle envoyé un songe favorable ?

– C'est le cas, Amenmen, et j'ai foi dans ces rêves fastes. Nous l'emporterons ! J'en suis maintenant convaincu.

– Les espions viennent de revenir.

– Sains et saufs ?

– Absolument. Ils ont réussi leur enquête sans se faire repérer.

– Bien ! Au lieu de nous menacer, nos adversaires auraient dû être plus vigilants. Qu'on introduise mes éclaireurs ici-même !

Thoutmosis

Le roi s'enveloppa dans une grande étoffe de lin et revint s'asseoir sur un fauteuil.

– Vous voilà ! dit-il à ses deux soldats. Je vous félicite et j'espère que vous allez me faire un rapport clair et honnête.

– Je le crois, digne pharaon, répondit l'un des deux hommes. Nous avons pu approcher de Meggido. Les ennemis sont moins nombreux que nous ne le pensions. Ils nous attendent et s'apprêtent, comme nous l'envisagions, à nous assaillir.

– Tant mieux, répondit le roi. Ils se sont regroupés dans la plaine comme je le prévoyais. Nous allons donc emprunter un autre chemin. Nous ne pouvons pas avancer à découvert. Eh bien ! Nous allons passer par les gorges et nous diriger ainsi sur Meggido.

– Je suis d'accord avec toi, pharaon des deux pays. J'allais précisément te proposer cette solution, quitte à assiéger ensuite la ville rebelle afin de donner une leçon à ces peuples barbares qui osent se coaliser contre notre pays.

Le roi se fit masser comme s'il se trouvait encore dans son palais. Il fit venir son parfumeur et lui demanda de l'enduire de potions agréables.

– Je veux combattre en dégageant le parfum des dieux, dit-il. Rien ni personne ne pourra me faire abandonner mes habitudes.

Il se mit à plaisanter et à chantonner.

– Amenmen, regroupe nos soldats et harangue-les comme tu sais si bien le faire. Nous partons dans peu de temps. Dis-leur que nous allons donner

210

une leçon à ces peuples orgueilleux qui ne respec-
tent pas Pharaon.

– Cette victoire nous permettra de faire barrière
au roi du Mitanni, ajouta Amenmen. Il ne pourra
pas s'installer dans les ports comme il en avait l'intention.

– Si nous sommes contraints d'assiéger la ville,
nos machines de siège seront-elles suffisantes ?

– Je le crois.

– Bien ! Réunis le conseil de guerre !

Amenmen sortit vivement de la tente, satisfait de
la décision du roi. Il avança d'un bon pas vers les
campements en distribuant ses ordres.

– Rê brille déjà ! Préparez-vous ! L'ennemi encercle
notre camp et vous dormez !

Fantassins et archers furent bientôt sur le pied de
guerre. Amenmen se plaça au centre de l'armée et
monta sur une petite estrade pour leur parler.

– Pharaon a pris une décision qui lui a été souf-
flée cette nuit par Amon. Nous sommes donc sûrs
de gagner ! N'ayez plus aucune crainte. Les
frayeurs de cette nuit doivent être effacées. Le roi
vous avait dévoilé son plan. Sa Seigneurie l'a modifié. Écoutez-moi tous et préparez-vous à remporter
une magnifique bataille en même temps qu'un
immense butin !

Les soldats, tout d'abord sceptiques, se laissèrent
vite gagner par l'enthousiasme de leur chef. Ils levèrent leur lance et leur arc vers le ciel en poussant
des clameurs de joie.

– Tu as correctement parlé, dit Pharaon en rejoignant Amenmen. Placez toutes les affaires dans les

211

Thoutmosis

chars pendant que je consulte une dernière fois mes conseillers.

Le roi s'enferma de nouveau sous sa tente.

– Les gorges sont très étroites, dit Rekhmirê après avoir entendu la proposition enthousiaste de Thoutmosis. Nous prenons un risque énorme. Si des ennemis nous attendent à cet endroit, nous nous ferons massacrer.

– Effectivement, répondit le roi. Cependant, tout laisse penser que nos adversaires nous attendent dans la plaine. Non seulement, nous pouvons progresser dans les passes à leur insu mais nous sortirons des gorges juste devant eux avant même qu'ils n'aient le temps de s'organiser.

– Puisque ta décision est prise, place au moins des Égyptiens sur les hauteurs.

– Je l'avais prévu. Puisque nous sommes tous d'accord, partons dès maintenant !

Le pharaon monta dans son propre véhicule, le regard pétillant. Il fut acclamé par des Égyptiens soucieux mais fiers de leur roi. Il pénétra le premier dans la passe où crissèrent bientôt les roues des chars. Les Égyptiens, peu rassurés, levaient les yeux vers les hauteurs de peur que l'ennemi ne leur tombât dessus. Ils tentaient d'apercevoir leurs acolytes. Comme tout semblait calme, ils se détendirent bientôt et manifestèrent leur joie en voyant une oasis à portée de main.

– Nous ne pouvons aller plus avant, dit Amenmen à Thoutmosis III. Il fera bientôt nuit et aucun soldat ne voudra progresser davantage sans y voir clair.

212

Le rival d'Hatchepsout

– J'espère que l'ennemi ne nous attend pas à la sortie de la gorge.

– Réfléchis bien, Pharaon. Tu dois, dès maintenant, choisir les hommes qui combattront en première ligne. Tu n'auras pas le temps de déployer toute ton armée en sortant de la passe. Prends les meilleurs. Quant à toi, place-toi en retrait. Nous ne pouvons risquer de te perdre !

Thoutmosis III protesta mais Amenmen finit par le convaincre. Ils prirent un repos mérité et se levèrent à l'aube, prêts au combat.

Les soldats durent encore marcher pendant une journée pour voir la fin du chemin. Ils avancèrent prudemment, Amenmen modérant l'empressement du roi. Bientôt apparut devant leurs yeux, sur une hauteur, la citadelle de Meggido.

– Les ennemis sont dans cette plaine, dit Amenmen. Ils sont si peu nombreux que nous n'avons rien à redouter. Méfions-nous, cependant, des troupes qui pourraient se dissimuler dans les collines avoisinantes.

– Nous voilà enfin proches du combat, constata Thoutmosis...

– Reposons-nous une dernière fois avant le conflit. L'ennemi a vu nos forces. Il est soucieux. Attendons l'aube pour attaquer.

Mais le roi ne laissa pas Rê se lever. Il déploya ses troupes dans la plaine encore obscure et disposa des hommes au pied de toutes les collines. Quand le soleil pointa ses rayons laiteux, l'armée égyptienne était prête. Les trompes sonnèrent. Les étendards

213

Thoutmosis

furent brandis. Les cochers retenaient leurs chevaux. Les archers se tenaient debout, l'œil vif. La discipline de l'armée égyptienne tranchait avec celle des ennemis regroupés en petites unités.

– Pathmès, tu vas maintenant me guider sur le champ de bataille, dit le roi à son cocher. À cause de toi, je peux mourir ou vivre. Il suffit que tu lances ton char trop lentement contre l'ennemi pour qu'une lance me traverse le corps de part en part sans que je n'aie le temps de me défendre. Ma vie est entre tes mains. Cependant, si je meurs, tu mourras probablement, toi aussi, car les ennemis frapperont à plusieurs et tu ne peux conduire ton char tout en tirant de l'arc.

– J'ai l'habitude d'entourer ma taille des rênes et de tendre l'arc en même temps, répondit Pathmès.

– Pharaon n'est donc pas le seul à briller dans cette discipline...

– Le destin a placé ta vie entre mes mains, roi tout-puissant. À toi de juger si tu as pris là une sage décision.

Devant le ton ironique du cocher, Thoutmosis III hésita. Mais changer de cocher aurait révélé sa peur et sa lâcheté. Aussi maudit-il intérieurement Pathmès pour ces allusions ambiguës dont il était friand. Il ordonna au cocher de lancer ses chevaux au galop. Suivi de toute l'armée, le char royal fut emporté dans une course endiablée. Volant au-dessus des pierres, manquant de verser à tout moment sur le côté, freinant subitement en butant contre un monticule, le char du roi semblait aussi léger qu'une plume. Les autres chars suivaient avec peine. Certains se brisaient, d'autres se renversaient.

Le rival d'Hatchepsout

Les fantassins égyptiens fondirent sur l'ennemi acculé au pied des collines. Ils reçurent bientôt des volées de flèches qu'ils évitaient avec peine grâce à leur bouclier en peaux. Ils tombèrent par dizaines au milieu de la mêlée. Les adversaires paraissaient mieux protégés. Certains portaient des tuniques métalliques et des casques si bien que les lances égyptiennes s'écrasaient contre leur poitrine.

Aux premiers rangs, les fantassins préférèrent recourir à leur épée, pourfendant leurs ennemis, frappant à gauche et à droite sans relâche. Les chars ennemis entrèrent bientôt en contact avec les cavaliers égyptiens. Mais ils eurent beaucoup de mal à se déployer. Thoutmosis III sentait que ses fantassins allaient prendre le dessus. Aussi les encouragea-t-il vivement, conscient que l'ardeur du chef était primordiale dans une bataille comme celle-ci.

Le roi enfonça les lignes ennemies, les obligeant à reculer encore. Il se trouva bientôt au pied de la ville de Meggido.

– Montons à l'assaut de la ville ! cria-t-il.

Les adversaires lâchèrent prise. Ils abandonnèrent leurs chars et leurs armes et coururent gravir la colline pour se réfugier derrière les murs de Meggido.

– Rattrapez-les et encerclez-les ! cria le roi.

Les enfants et les femmes, qui étaient sortis de la cité, coururent derrière les murs. Le roi donna l'ordre de ne pas leur faire de mal et de ne pas les poursuivre. Les larges portes en bois furent refermées. En haut des remparts brillèrent bientôt les flèches des archers.

Thoutmosis

– Mettez-vous à l'abri derrière vos boucliers, cria le roi égyptien. Couchez-vous !

Les Égyptiens envoyèrent de nombreux projectiles en direction de l'ennemi.

– Inutile d'attaquer, dit le roi. Protégeons-nous des traits et attendons. Nous allons nous mettre en retrait, hors de leur portée. Ils savent maintenant que nous sommes ici. Ils vont comprendre que nous y resterons tant qu'ils ne se rendront pas.

Le roi vit alors le camp ennemi laissé à l'abandon.

– Allons ! Servez-vous, soldats ! Vous l'avez bien mérité !

Les cavaliers s'élancèrent au milieu des cadavres et gagnèrent le camp ennemi. Ils s'emparèrent des armes en bronze et des vêtements, s'extasièrent devant les riches objets créés par les artistes assyriens. Certains accumulaient en l'espace d'un instant une fortune incroyable.

– Nous n'entrerons pas dans la ville aujourd'hui, constata à regret Thoumotsis. Amenmen ! Choisis parmi tes hommes un messager capable de parler au chef de la ville ! Vu la beauté de ces murailles, les marchands de cette ville doivent être riches. La région ne manque pas de champs exploitables. Nous ne parlerons donc pas à des sauvages !

Amenmen marcha devant quelques-uns de ses soldats. Il s'arrêta face à l'un d'eux, plus petit et plus maigre que les autres.

– Tu m'as déjà rendu de nombreux services, dit-il. Viens par ici et écoute bien les ordres du roi.

Le pharaon appela son scribe.

216

Le rival d'Hatchepsout

– Je vais rédiger un message à l'intention du responsable de cette ville. Qu'il se rende immédiatement ! S'il refuse, nous empêcherons les habitants de sortir. Ils seront vite épuisés par la faim.

– Peut-être ont-ils des réserves, suggéra Amenmen.

– Nous attendrons le temps qu'il faut. Je ne suis pas pressé. Dis aux habitants que Pharaon n'est pas cruel. Il saura bien les traiter surtout s'ils se rendent dès maintenant.

Le scribe couchait sur le papyrus les mots du roi avec beaucoup d'application. Il sécha l'encre puis roula la feuille.

– Voilà mon message en hiéroglyphes. Je te laisse le soin de le traduire, dit le pharaon à l'homme qu'Amenmen avait choisi pour ses compétences.

– Dois-je exiger une réponse immédiate, Grand Pharaon Horus d'or ?

– Sois convaincant. Si tu réussis à persuader cette ville de se rendre, je te récompenserai. Si tu n'y parviens pas, je ne te punirai pas.

Le messager salua et partit au galop. Il s'arrêta non loin des murailles et cria qu'il souhaitait parler au responsable de la cité. Les traits cessèrent de pleuvoir. Les portes en bois grincèrent.

– Reculons-nous encore, dit le pharaon. Sinon, ils redouteront un piège et tireront sur le messager.

L'Égyptien se dirigea vers l'entrée imposante de la cité et disparut bientôt par la porte entrouverte qui claqua derrière son dos. Tous les soldats de Thoutmosis retenaient leur souffle.

– Crois-tu que la ville se rendra si facilement ? demanda Menkheperrêsen en rejoignant le roi.

217

Thoutmosis

– Je ne connais pas le tempérament de ses habitants.

– Que regardes-tu sans cesse en haut des dunes ?

– Je guette l'horizon. Quand le reste de l'armée ennemie va se rendre compte que nous sommes passés par les défilés, il foncera sur nous. Nous risquons d'être pris en tenaille entre les remparts de Meggido et leurs cavaliers.

– Attendons-nous à combattre de toute façon. Les alliés du roi de Qadesh ne vont pas abandonner une telle ville aussi facilement.

*
* *

Quand les troupes ennemies parvinrent aux abords de la ville dans un nuage de poussière, le messager n'était pas revenu. Le pharaon avait de nouveau disposé ses troupes en ordre de bataille. Les soldats ennemis se trouvèrent quelques instants plus tard en face de l'armée égyptienne. Le pharaon attendit que le chef prît une décision. Voulait-il parlementer ou lutter ? Un grand silence envahit le désert. Une légère brise chargée de sable siffla entre les rangs des fantassins qui tenaient leur bouclier haut devant leur poitrine nue. Leur lance était placée le long de leur corps. Ils gardaient le visage impassible et fixaient leurs adversaires, attentifs au moindre de leurs gestes. Le roi observait, malgré les rayons du soleil qui lui brûlaient les yeux, l'attitude du chef ennemi. Celui-ci leva soudain son arme au-dessus de sa tête en donnant le signal du combat.

218

Le rival d'Hatchepsout

– Ils vont charger, dit Amenmen. Nous sommes désavantagés. Le soleil nous éblouit.

– Je m'étonnais, en effet, que tu aies choisi une telle position. Nous avions le loisir de nous placer différemment.

– Je l'ai voulu ainsi pour faire croire à l'ennemi que nous allions être aveuglés par la lumière lorsque nous combattrons. En réalité, notre aile gauche, très rapide et très habile, va enfoncer leur aile droite avant même que les premières gouttes de la clepsydre ne se soient écoulées. Notre armée va donc pivoter progressivement sur la gauche.

– Et nos adversaires auront à leur tour le soleil en plein visage...

– Tu as compris ma tactique, dit Amenmen satisfait de lui-même.

– Espérons qu'elle sera efficace car je doute que l'un d'entre nous voie seulement le bout de la lance de nos ennemis ! Rê nous éblouit trop.

– Fais-moi confiance. Rê monte progressivement mais il est loin d'être au plus haut dans le ciel. Quand il le sera, nous lui tournerons le dos et nous pourrons achever ces brutes sans ménagement !

Les chevaux hennirent en entendant l'armée ennemie qui fonçait sur eux. Les archers, placés au premier rang, tirèrent une pluie de flèches bien ajustées. Le roi ordonna à Pathmès de lancer le char à toute allure.

– Qu'Amon m'assiste ! cria le roi en entraînant l'armée derrière lui.

Comme prévu, l'aile gauche se détacha et devança le pharaon. Elle entra la première en contact avec

Thoutmosis

les adversaires. Le roi tira sur de nombreux cavaliers, les tuant tous. Pathmès manœuvrait son char dans la mêlée avec une dextérité étonnante. Il avait l'impression d'avoir retrouvé la fougue de sa jeunesse.

– Attention ! cria-t-il au roi. Là sur ta gauche !

Tout en criant, Pathmès lança son poignard sur l'homme qui s'apprêtait à envoyer sa lance dans le dos du roi. L'adversaire tomba à la renverse en poussant un cri. Thoutmosis se retourna.

– Tu m'as sauvé la vie, dit-il au cocher.

– N'y vois aucune preuve d'amitié, lui cria le cocher en retenant la bride de ses chevaux.

Le roi se baissa pour esquiver un trait. Il s'empara de son épée tandis que Pathmès combattait à mains nues contre un soldat qui avait sauté dans leur char. Autour d'eux, la bataille faisait rage. L'aile droite ennemie lâchait peu à peu du terrain si bien que les prévisions d'Amenmen semblaient se réaliser. Les adversaires, aveuglés par les rayons, combattirent avec moins de précision. Il leur fut bientôt impossible de viser juste. Le roi égyptien regarda les armes rutiler devant ses yeux.

– Rê assaille nos adversaires ! Rê nous vient en aide ! Le dieu va détruire l'armée !

Les Égyptiens, encouragés, poussèrent des cris et redoublèrent d'ardeur. De nombreux fantassins gisèrent bientôt à leurs pieds. Certains tentaient de fuir. Des cavaliers réussirent à s'échapper. Le roi leva, enfin, le bras pour annoncer la fin de la bataille. Les soldats lancèrent leurs armes en signe de joie.

– Combien avons-nous tué d'hommes ? demanda le pharaon à son scribe.

Le rival d'Hatchepsout

– J'ai tranché des centaines de mains !

– Bien ! Nous les compterons plus tard.

– Nous avons aussi quelques prisonniers.

– Établissons notre camp. Je vais m'adresser à eux et écouter le messager qui vient de revenir.

Les tentes furent dressées devant les dunes qui entouraient la ville. Des soldats s'étaient postés en haut des collines de sable pour surveiller les murs de la cité convoitée.

– Il faudra être vigilant cette nuit, dit le roi à Amenmen. Ces habitants sont capables de se glisser à l'extérieur et d'aller chercher des renforts.

– Je veillerai à tout. Ta tente est prête…

Le roi prit sa place habituelle sur son fauteuil doré et reçut le messager.

– Roi, les habitants te défient. Ils ne se rendront pas. Ils menacent de se laisser mourir de faim plutôt que de te donner leur ville.

– Quels hommes stupides ! Nous allons voir s'ils résistent à notre siège !

Le roi parla ensuite aux prisonniers de guerre. Il les rassura et leur promit la vie sauve s'ils acceptaient de combattre à ses côtés.

– Servez-moi et vous recevrez, comme les autres, une part de butin. De nombreux prisonniers sont venus vivre en Égypte avec leur famille. Aucun ne le regrette. Ils ont reçu des terres et les exploitent en temps de paix pour le roi et pour eux-mêmes. Je les traite comme des Égyptiens. Certains font partie de ma garde personnelle et sont mes plus fidèles soldats. Renseignez-vous, je ne vous mens pas.

221

Thoutmosis

– Quel sort me réserves-tu ? demanda le chef. Sans doute me sacrifieras-tu…

– Tu m'as entendu. Mes paroles valent aussi pour toi.

– Et si nous refusons ?

Le pharaon, qui ne comprenait pas son langage, demanda à son scribe de traduire.

– Vous serez exécutés ou jetés au cachot.

– Mes hommes agiront comme ils l'entendent. Pour ma part, je refuse de m'abaisser à te servir.

– Dans ce cas, tu auras la vie sauve, répondit Thoutmosis III en souriant.

– Te moques-tu de moi, Roi tout-puissant ? Tu viens de me condamner à mort !

– Je voulais connaître ta réaction. Elle me plaît. Je te prendrais volontiers dans ma garde privée. Qu'en dis-tu ?

Le chef hésita puis il répondit :

– On m'avait parlé de ton équité et de ton sens de l'honneur. J'ai admiré ton courage et ton esprit tactique. Les dieux t'ont transformé en lion pour nous écraser, en taureau pour nous anéantir, en griffon pour te poser là où nous étions les plus dangereux. Je ne peux lutter contre les divinités. Puisque tu es toi-même un dieu, j'accepte de te servir et je reconnais ta supériorité.

Tous les prisonniers, enchaînés, tombèrent aux pieds de Pharaon qui comprit alors combien ces nouvelles recrues lui seraient précieuses. Il adressa un clin d'œil complice à Amenmen et à Menkheperrêsen qui lui sourirent d'un air entendu.

XVIII

Quand elle franchit les portes du palais du Fayoum, Kertari ressentit une grande fatigue. Elle n'aurait su dire si cette lassitude était causée par sa grossesse ou par la profonde tristesse qu'elle ressentait. S'éloigner de Thèbes lui laissait peu de chance de revoir bientôt le roi. Or, elle avait jusque-là passé des jours à l'attendre sur un banc du jardin, guettant le moindre messager. Elle priait les dieux de le garder sain et sauf et d'entretenir la flamme qui l'habitait lorsqu'ils se retrouvaient ensemble.

Le médecin du harem ne lui avait pas appris la nouvelle de son état sans ménagement car il la jugeait très jeune pour avoir un enfant de pharaon. La responsable du harem lui avait fait promettre de garder le secret de cette prochaine naissance.

– Cette femme attachante qui me protégeait me manquera, dit Kertari en descendant de son char et en contemplant la façade austère du harem du Fayoum. Cette bâtisse est majestueuse et magnifiquement décorée mais elle représentera toujours à mes yeux une prison dorée. Je préférerais me trouver à Thèbes plutôt que de bénéficier des richesses

Thoutmosis

que m'a promises la reine. Connaît-elle la vérité ? Sait-elle que j'attends un enfant du roi ? Une reine n'est jamais jalouse. Thoutmosis III a eu bien d'autres fils avec des épouses secondaires. Méryrêt-Hatchepsout ne m'aurait pas éloignée de Thèbes par jalousie...

Tout au long du parcours, Kertari avait été sensible à la diversité des oiseaux qui habitaient les marais du Fayoum, à la joie des pêcheurs et des chasseurs attentifs à leur proie qui se réunissaient avec bonheur. Les Égyptiennes attendaient leur époux dans des barques, tout en s'éventant.

Une femme âgée mais encore belle vint à sa rencontre. Elle paraissait sévère. Sa chevelure brune et ses traits austères révélèrent à la jeune fille un caractère triste et résigné. Elle comprit tout de suite qu'elle ne pourrait pas avoir avec cette femme la même complicité qu'avec la responsable du harem de Thèbes.

« Me voilà seule, loin de tous ceux que j'aime, se dit Kertari. Je croyais avoir retrouvé un amour et un foyer. Je perds ce à quoi je suis attachée pour la seconde fois. »

Toutes les filles du harem lui furent présentées.

– Demain, arriveront d'autres de tes consœurs, lui dit la responsable. De belles femmes que la reine a désignées pour faire partie de ce harem prestigieux. C'est une grande marque d'honneur qu'elle vient de t'accorder en te choisissant parmi les élues.

– Sans doute, répondit Kertari. Je vais ainsi retrouver ici des femmes que je connais.

Le rival d'Hatchepsout

– Bien entendu ! En outre, tu te feras de nombreuses amies. Je m'appelle Ramnose.

– Le roi vient-il fréquemment dans ce harem éloigné ?

La responsable du harem la regarda avec étonnement.

– Aucune femme ne se pose la question. Tu parles comme la Grande Épouse royale ! Qui t'autorise à t'exprimer ainsi ? Pharaon agit comme il l'entend et personne ne sait ce qu'il décide à l'avance !

Kertari s'excusa. Elle eut envie de répondre « c'est que nous sommes si proches… » mais elle se garda bien de montrer ses sentiments. Elle se souvint des conseils de la responsable du harem de Thèbes. « Ne montre jamais que tu tiens au roi. On te mènerait la vie dure ! Il te sera déjà difficile d'assumer seule ta grossesse. Celles qui ont des enfants de Pharaon ou qui en souhaitent feront tout ce qui est en leur pouvoir pour que ta grossesse n'arrive pas à terme. Protège-toi. Porte des amulettes. Prie les dieux. Ferme ta porte avant de t'endormir. Toutes veulent mettre un jour leur enfant sur le trône d'Égypte. Chaque enfant de Pharaon constitue une menace pour toutes ces femmes. »

« Je me demande comment je vais pouvoir me défendre quand tout le monde constatera que je suis enceinte, se dit Kertari. Je ne connais rien aux intrigues de la cour. »

Elle visita le harem avec indifférence. Les splendeurs qui l'entouraient, le luxe des statues et de la décoration, la finesse des dessins ornant les murs et les plafonds, les couleurs printanières et gaies qui

225

Thoutmosis

rendaient l'endroit frais et agréable à vivre, à l'image des marais alentour, ne changèrent pas son état d'esprit.

– Isis te rend mélancolique, constata Ramnose en lui précisant quelles étaient ses obligations au harem.

– Je l'avoue, répondit Kertari. J'aimais vivre à Thèbes.

– Y es-tu née ?

– Non. Je suis une prisonnière de guerre mais je m'étais habituée à cette ville animée.

– Tu sortais donc souvent ?

Kertari rougit.

– Non. Mais nous entendions du jardin les éclats de voix des marchands et des enfants courant dans les rues. C'était agréable d'écouter les habitants vivre au crépuscule quand le soleil nous épargne de sa chaleur. Nous attendions alors avec excitation la visite du roi.

– Pharaon vous rendait donc visite chaque soir ?

– Oui, répondit Kertari. Enfin… presque. Je crois qu'il apprécie les femmes de ses harems.

– Tu verras combien il est attentif aux filles qui habitent ici et combien il les gâte ! Quand il vient chasser dans les parages, il est toujours d'excellente humeur.

– Le roi est doux et aimable en tout temps et en tout lieu.

– Certainement, répondit sèchement Ramnose. Je ne le mettais pas en doute !

Elle lui dicta très précisément à quelle heure elle devait se lever et se coucher, lui précisa combien de servantes elle aurait à son service.

Le rival d'Hatchepsout

– Nous sommes très vigilantes à l'égard de notre emploi du temps. Car la reine nous le communique et nous devons l'observer. Tu te lèveras tôt et tu nous aideras dans les ateliers. Nous sommes chargées de surveiller le travail des artisans du lin qui confectionnent les habits des prêtres et des courtisans. La reine connaît notre goût sûr et notre attirance pour les beaux atours. Aussi nous fait-elle confiance.

– N'est-ce pas là habituellement sa tâche ? demanda Kertari.

– Oui mais tu dois comprendre que les femmes du harem du Fayoum sont très appréciées. Tu ne côtoieras pas seulement de belles filles s'apprêtant pour le roi. Toutes savent jouer de la musique, chanter, écrire des poèmes, lire ou écrire. Je suis persuadée que tu t'enrichiras en te mêlant à elles.

– Ainsi donc tu prétends que les femmes qui vivent dans ce harem sont instruites.

– Je l'affirme, Kertari, et je veux te faire comprendre que toutes les femmes souhaitent venir y vivre un jour. Être choisie pour en faire partie est un très grand honneur. Tu seras l'une des plus jeunes filles de cet endroit. Quel privilège pour une prisonnière de guerre ! Les filles qui habitent ici sont souvent d'anciennes princesses qui ont été offertes au roi par leur père, souverain de royaumes importants.

Une jeune femme très douce au visage lisse et blanc encadré de longs cheveux noirs s'approcha d'elle.

– Paperis partagera ta chambre.

227

Thoutmosis

Kertari lui adressa un sourire triste.

– À Thèbes, je possédais ma propre chambre, dit-elle.

– Mais telle est la règle au Fayoum. Les femmes partagent leurs appartements et ne s'en plaignent pas. Ceux-ci sont très grands, beaucoup plus vastes qu'à Thèbes. Pour des raisons de sécurité, nous avons adopté ce système qui plaît à chacune.

Kertari se plaignit des fatigues du voyage.

– J'ai besoin de me reposer et de me rafraîchir, dit-elle à Ramnose. Pourrais-je prendre connaissance du reste demain matin ?

– Bien entendu. Encore un détail. Sache que nous réunissons les femmes de ce harem par affinité. Si Paperis ne te convient pas, nous te changerons d'appartement.

Kertari regarda de nouveau ses traits agréables.

– Paperis aura sans doute plus de difficulté à me supporter que je n'en aurai à l'accepter ! dit-elle.

Paperis la remercia et se précipita pour l'aider.

– Je vais te guider. Ta présence me réconforte. Je suis plus âgée que toi mais je sens en toi une grande force. Les dieux entourent ta présence de lumière. Suis-moi !

Kertari s'exécuta.

– Je suis heureuse de partager ta chambre, ajouta-t-elle.

Elle appréciait déjà le charme discret de cette longue fille mince au tendre regard et à la voix mélodieuse.

Paperis la conduisit vers un corridor un peu sombre qui déboucha dans un jardin agréable où

Le rival d'Hatchepsout

piaillait une multitude d'oiseaux. Le visage de Kertari s'épanouit aussitôt. Elle aimait entendre le matin et le soir les chants des oiseaux en se mettant à sa fenêtre.

– Ils entrent par le péristyle et viennent se nicher dans les coins de toutes les pièces, dit Paperis en riant. La responsable leur fait inutilement la chasse. Ils reviennent toujours et savent que nous les nourrissons.

Elles dépassèrent deux autres chambres.

– Nous sommes arrivées, dit Paperis en ouvrant le rideau qui dissimulait sa chambre aux regards des serviteurs qui lavaient le sol.

Kertari fut éblouie par les rayons de Rê qui inondaient la pièce. Elle tomba à genoux et pria le dieu de la lumière.

– Je pensais cet endroit austère, avoua-t-elle en se relevant. Mais je le crois agréable à vivre. Le soleil entre par toutes les ouvertures. Les plantes croissent et les oiseaux enchantent les pièces.

– Fais-moi confiance, Kertari, lui dit Paperis. Je vis ici depuis quatre ans. Je viens du Mitanni. Je suis la fille d'un important soldat que Pharaon a tué en combattant. Je ne connais pas le harem de Thèbes mais je peux t'assurer que nous sommes ici entourées de nombreux serviteurs. Nous passons notre vie à faire ce qu'il nous plaît même si la responsable t'a parlé de quelques obligations. Lorsque le roi vient nous voir, nous sommes traitées avec égard. Nous sommes toutes de petites reines.

– Pharaon a-t-il des enfants éduqués dans ce harem ? demanda timidement Kertari.

229

Thoutmosis

– Bien sûr ! répondit Paperis. Thoutmosis III aime les femmes. Il n'est indifférent à aucune d'entre nous !

– Vous me paraissez pourtant très nombreuses...

– Le roi a un bon caractère ! Ne t'en es-tu pas aperçue ?

– Si, répondit Kertari en baissant les yeux. Et toi, dis-moi, aimes-tu Pharaon ? Comment se comporte-t-il avec toi ? Te fait-il des cadeaux ? Est-il doux ? Se préoccupe-t-il de ta santé et de ton bonheur ? Te demande-t-il si tu t'ennuies, si tu te languis de ton pays, si tu es triste d'avoir perdu ton père ?

– Que de questions ! s'exclama Paperis. Nous ne sommes pas habituées à nous interroger de la sorte ! Le roi est tout-puissant. Nous agissons comme il le veut. Il nous rend visite et partage notre couche pendant une partie de la nuit.

– Une partie de la nuit ? s'étonna Kertari.

– Bien sûr. Comme tous les pharaons ! Il passe souvent d'une chambre à une autre, aime parfois quatre filles en une seule nuit.

– Tu n'as donc jamais passé une nuit entière dans les bras de Pharaon !

– Le roi ne nous tient guère dans ses bras. Il nous honore de sa semence et rejoint ses appartements.

Kertari resta pensive.

– J'avoue être surprise par toutes ces questions. Le roi ne t'aurait-il jamais touchée ? demanda Paperis.

– Si, par Isis ! Mais...

– Tu manques peut-être d'expérience...

– Oui, sans doute.

Le rival d'Hatchepsout

Paperis l'aida à ranger ses affaires dans des coffres.

– Place sur cette table ton nécessaire de maquillage. Chaque matin, la coiffeuse et la maquilleuse viennent s'occuper de nous.

Kertari ouvrit les pots à onguents qui étaient étalés devant elle. Elle huma quelques préparations aux couleurs agréables.

– Laisse-moi plier ces vêtements, maîtresse, lui dit une jeune Égyptienne en se prosternant devant elle.

Kertari accepta.

– Dis-moi, Paperis. As-tu un enfant de Pharaon ?

– Une fille. Elle vient de naître. Elle dort dans la pièce à côté avec sa nourrice. Je te la montrerai dès que tu auras pris un bain et que tu te seras fait masser. Nous avons ici des suivantes d'exception.

Kertari fut très contrariée par les propos de Paperis. « Décidément, je suis encore très jeune. Comment ai-je pu secrètement imaginer que le pharaon me préférait à toutes les autres femmes ? Et pourtant, jamais il ne m'a rendu visite sans m'apporter des cadeaux, sans me chérir, sans me dire des mots d'amour. »

– Paperis, Pharaon t'a-t-il déjà fait de nombreux dons ?

– Oui. Nous recevons des terres lorsque nous quittons le harem. Nous pouvons aussi devenir propriétaire d'un cheptel.

– Je ne parle pas de ces dons-là. Je me demandais si le roi t'offrait des fleurs, des bijoux, des châles…

Paperis la regarda étrangement.

231

Thoutmosis

– Tu n'es décidément pas semblable aux autres Quelles drôles de questions tu te poses ! Jamais Pharaon ne se comporterait comme un simple Égyptien ! Le roi n'a ce genre de délicatesses qu'envers la Grande Épouse Méryrêt-Hatchepsout !

– Bien entendu, par Hathor.

Kertari se laissa laver et parfumer. Elle s'interrogeait sur les agissements du roi à son égard. Que signifiaient ces promenades romantiques en barque ? Pourquoi le roi venait-il sans cesse prendre de ses nouvelles ? Elle se coucha. Elle se sentait très fatiguée.

– Je te laisse dormir, dit Paperis.

Mais au moment où Kertari s'assoupissait, la porte de sa chambre s'entrouvrit. Elle entendit des gloussements de femmes.

– Paperis ? demanda-t-elle en s'asseyant sur son lit.

Personne ne lui répondit.

– Où est-elle donc ? La nuit est maintenant tombée. Elle aurait dû venir se coucher.

Elle se leva en provoquant un mouvement de fuite dans le couloir.

– Ce sont sans doute quelques curieuses venues aux nouvelles. Je ne dois pas oublier les conseils que l'on m'a donnés. Il me faut être vigilante.

Elle entendit alors des pleurs d'enfant provenant de la pièce voisine. Elle jeta une cape sur ses épaules et longea le corridor désert et silencieux.

– Ces cris viennent de cette chambre...

Elle pénétra à l'intérieur et sursauta en reconnaissant Paperis qui berçait sa fille dans ses bras.

Le rival d'Hatchepsout

– J'avais oublié que ton enfant dormait ici, dit-elle. Je te cherchais… J'ai entendu des bruits. Où sont nos servantes ?

– Je leur ai dit de se retirer. La nourrice n'a pas réussi à calmer ma fille. Elle pleure souvent pendant la nuit. Je ne pensais pas qu'elle te réveillerait. Tu dormais si profondément.

Kertari s'assit à côté d'elle et caressa les joues de l'enfant.

– Cela n'a aucune importance. Pharaon a-t-il déjà vu cette enfant ?

– Une seule fois.

– Comment a-t-il réagi ?

– Il m'a félicitée et m'a promis de lui donner la meilleure des éducations. Je doute qu'il la revoie avant longtemps. Quand il nous rend visite, il demande rarement des nouvelles de ses enfants. En revanche, il tient à être informé de tout malheur. Tant d'enfants meurent en bas âge en Égypte et les nôtres n'échappent pas à la règle ! En réalité, même s'il ne voit pas ses enfants, Pharaon les aime tous et il les gâte. Quand ils sont plus grands, ils reçoivent tous une excellente éducation. Jamais un roi ne s'est montré plus attentionné.

– Paperis, dit Kertari, je dois te faire une confidence. Mais je te supplie de garder ce secret pour toi.

– Que veux tu me dire ?

Kertari se rendit soudain compte qu'elle ne connaissait pas cette femme à qui elle accordait si facilement sa confiance. Elle était sur le point de lui avouer « J'attends un enfant de Pharaon » mais elle préféra s'abstenir…

233

Thoutmosis

Les yeux de Paperis s'illuminèrent.

– Je t'écoute ! Que veux-tu me dire ? Je te promets de garder le silence.

– J'ai passé une nuit entière avec Pharaon. Je crois qu'il apprécie ma jeunesse.

– Ce n'est là un secret pour personne ! Le roi aime les filles très jeunes. Au bout de deux ans, il les délaisse.

Comme Kertari désapprouvait la réponse de Paperis, celle-ci modifia son discours.

– Aucune n'échappe aux caprices du roi, dit-elle, mais il garde toujours pour nous une grande tendresse et beaucoup de considération.

L'enfant avait cessé de pleurer.

– Elle s'est enfin endormie, dit Paperis en la déposant dans son berceau en bois. Je vais rappeler la nourrice. Viens ! Allons-nous-en.

– Ta fille est si belle ! répondit Kertari. Elle ressemble à Pharaon. Elle a son regard et ses yeux immenses, légèrement en amande. Elle a son sourire et ses pommettes hautes. Quel bonheur de retrouver dans son enfant les traits de Pharaon !

– C'est un grand honneur, répondit Paperis. J'en suis très fière. J'aurais peut-être préféré un garçon.

Les paroles de la responsable du harem revinrent alors à l'esprit de Kertari. « Toutes les femmes du harem souhaitent des fils pour les placer un jour sur le trône d'Égypte ! Attention à elles ! Elles sont toutes dangereuses ! Si tu as un fils, elles deviendront toutes tes ennemies ! »

– Un fils ou une fille, quelle importance ? répondit Kertari. Si je retrouvais dans mon enfant les

234

Le rival d'Hatchepsout

traits du roi, j'aurais l'impression de vivre sans cesse auprès de lui et je serais heureuse.

Paperis l'observa étrangement. Elle ne comprenait pas les raisonnements de cette fille du Mitanni qui semblait s'exprimer comme une première épouse.

XIX

L'armée de Thoutmosis III jouait à différents jeux de patience en attendant que les habitants de Meggido se rendissent à Pharaon. Seuls les étrangers que le roi avait peu à peu recrutés dans ses rangs semblaient agacés par la situation. Certains tournaient entre leurs doigts les queues de panthère qu'ils portaient habituellement à leur ceinture. Plus trapus et plus musclés que les Égyptiens, ils astiquaient leurs armes, aiguisaient leurs lances ou pansaient leurs chevaux, préférant manifestement la lutte au siège d'une ville.

– N'avez-vous pas besoin de vous entraîner ? clama encore une fois Amenmen aux Égyptiens. Si le roi vous surprend avec ce damier, vous serez punis. Marchez, assouplissez vos membres, musclez-les, combattez entre vous. Les étrangers à cheveux longs et les hommes à la peau noire et aux boucles d'oreilles sont plus courageux que vous !

L'un des soldats bondit en face d'Amenmen, un bâton à la main.

– Puis-je te défier malgré ta grande supériorité, Amenmen ? Je suis prêt à combattre contre toi.

Thoutmosis

Les militaires s'amusèrent aussitôt d'un tel défi. Ils firent cercle autour des deux hommes.

– Par Horus, tu me prends au dépourvu mais j'accepte le combat ! répondit Amenmen.

Les deux hommes portaient un pagne et un devanteau en forme de triangle. Amenmen entoura son bras d'une protection en cuir. Son adversaire lui administra bientôt de grands coups de bâton qu'il esquiva à l'aide de son avant-bras. Puis il plongea à terre et s'empara de la cuisse du soldat afin de le plaquer au sol. Mais l'homme, plus robuste que son chef, tenta de l'attraper par les épaules et de le relever. Estimant cette manière de faire peu loyale, les autres militaires sifflèrent. Amenmen réussit malgré tout à déséquilibrer le soldat qui tomba à la renverse. Il se rua sur lui et lui tint les mains en croix. Il lui serra si fort les poignets que l'homme lâcha aussitôt son bâton.

– Que devient un soldat sans son arme ? lui demanda Amenmen en l'immobilisant tout à fait.

– Il est mort ! Il est mort ! crièrent les jeunes recrues.

L'arrivée du roi fit cesser les éclats de voix.

– Que se passe-t-il ? demanda le pharaon. Je vois que vous ne perdez pas votre temps ! Cette journée a été calme. Je me retire sous ma tente.

Thoutmosis III avait tout tenté pour prendre Meggido. Pendant de longs jours, ses soldats avaient péri sous les traits de l'ennemi jetés du haut des remparts imprenables. Le roi avait essayé de mettre en vain le feu à la citadelle. Jamais il n'avait vu de telles murailles. Même les tours dominant les temples égyptiens n'avaient pas cette épaisseur.

Tenaces, les ennemis ne cédaient pas. Comme les soirées et les nuits devenaient plus fraîches, les soldats égyptiens avaient attrapé froid et étaient parfois amollis par la fièvre.

Le roi avait finalement décidé de patienter, conscient que les assiégés ne résisteraient pas longtemps aux épidémies. Contraint de boire de l'eau stagnant dans les rares puits, la population serait bien vite exterminée.

Le roi se dirigea vers le harem d'accompagnement. Dix jeunes femmes y chantaient au son d'une harpe et à la lumière des étoiles qui brillaient déjà au crépuscule. Le chef du harem chargé de les surveiller se prosterna devant le roi et l'invita à se coucher sur les coussins disposés à même le sol.

– Tu as emmené peu de femmes avec toi, lui rappela-t-il. Sa Majesté sera sans doute vite blasée de ces jeunes filles, très belles mais peu nombreuses.

– Je me satisfais parfois d'une seule femme, répondit le roi.

– Nous n'avons guère vu Horus d'or ces derniers soirs, remarqua le chef du harem. Nous t'attendions, grand roi.

– J'avoue qu'il m'aurait été agréable d'avoir certaines femmes à mes côtés pendant cette campagne...

– Pourquoi ne les as-tu pas emmenées ?

– Parce que la Grande Épouse royale a tenu à s'occuper de mes harems. Elle y excelle et j'en suis fier. Je ne pensais pas que nous serions obligés de faire le siège de Meggido et de rester si longtemps dans le désert...

Thoutmosis

– Veux-tu que j'envoie un messager au palais ?
D'autres filles nous rejoindront…

Le regard du roi s'illumina.

– Tu as tout à fait raison, d'autant que j'ai l'intention de poursuivre ma route jusqu'à l'Euphrate et peut-être au-delà. Maintenant que nos ennemis me savent prêt à attaquer, je dois agir vite. Revenir à Thèbes après le siège de Meggido serait pure folie que ne me pardonnerait pas Amon !

– Veux-tu dresser la liste des femmes qu'il te ferait plaisir d'avoir ici-même ?

– Elle sera courte. En réalité, je veux surtout y voir l'une d'entre elles qui brille par sa pureté et sa jeunesse. Elle s'appelle Kertari. J'ai passé de douces nuits en sa compagnie avant de partir pour la guerre. Sa présence me réconforterait.

– Je vais appeler le scribe qui rédigera tes volontés. En attendant, relaxe-toi, laisse-toi parfumer par ces femmes nues qui ne demandent qu'à te plaire.

Le roi fut aussitôt entouré des jeunes filles qui tantôt caressaient ses épaules, tantôt massaient ses chevilles, tantôt s'allongeaient contre lui en lui présentant une coupe de vin ou un fruit. L'une d'entre elles prit une flûte et joua un air gai qui réjouit Pharaon.

– Les soldats rient beaucoup ce soir, constata le chef du harem.

– Ils ont trouvé matière à se détendre tout en s'entraînant, répondit le roi. Je préfère qu'ils luttent entre eux plutôt que d'inventer des bons mots en restant inactifs. Leurs mollets se raidissent et leurs muscles s'amollissent. Viens boire une coupe en ma compagnie ! Ces jeunes femmes ne te tentent-elles jamais ?

Le rival d'Hatchepsout

– Pharaon tout-puissant, elles ne sont guère à mon goût… répondit le chef du harem en saluant le roi.

– Comment cela ? Mais je les choisis moi-même !

Le chef du harem remit en place sa peau de panthère. Il caressa plusieurs fois son crâne chauve comme s'il était embarrassé.

– Ah, je comprends ! s'exclama le roi. Tu préfères sans doute les jeunes garçons…

– Les dieux m'ont fait naître sensible à la beauté, dit pudiquement le chef du harem.

– Qu'elle soit virile ou féminine ?

– La beauté n'a pas de sexe.

– Voilà un point sur lequel nous sommes d'accord ! À ton *ka* ! Que cela ne t'empêche pas de te réjouir !

Ils se turent car le scribe équipé de ses palettes dorées et de ses pinceaux venait d'entrer. Il posa à terre son porte-pinceau en forme de lis. L'objet en bois incrusté de cornaline et de lapis-lazuli portait une inscription rappelant que son propriétaire était scribe royal. Un hommage au roi « Horus d'or chéri par Thot », le dieu de l'écriture et du savoir, figurait tout autour du porte-pinceau.

Le scribe déroula le papyrus sur le sol et le lissa à l'aide d'un bâton au bout arrondi puis il s'empara de son calame déposé dans la rainure d'une de ses palettes. Il défit les cordelettes du sac qui contenait les pigments, plaça sur ses genoux un écritoire en cuir souple orné d'un babouin, symbole du dieu Thot, testa plusieurs couleurs dans un récipient en carapace de tortue.

241

Thoutmosis

– Que fais-tu ? demanda le roi en voyant son scribe prêt à laver les signes déjà inscrits sur son papyrus. Tu ne vas tout de même pas utiliser un papyrus usagé pour écrire un courrier royal !

– Hélas, Pharaon tout-puissant, nous devrons nous en contenter car nous ne possédons plus de papyrus neuf. Ce palimpseste fera l'affaire. Je vais écrire au verso. Que souhaites-tu que j'écrive ? Dis-moi le texte rapidement.

– Rassure-toi, ce papyrus sera suffisant. Mon message sera très court. Commençons ! « Pharaon Horus d'or, Menkheperre, au responsable du harem de Thèbes, la cité du Sud. Par Thot, le dieu brillant et savant, par Amon, dieu de Thèbes vénéré entre tous, par Hathor, la déesse de l'amour et la protectrice des femmes, accomplis mes ordres au plus vite. Je souhaite que Kertari rejoigne le harem d'accompagnement. Qu'elle suive sans tarder le messager et vienne ici-même. »

Le scribe accommoda la lettre à sa façon. Il écrivit de gauche à droite, déroulant le papyrus dès qu'il arrivait au milieu de la feuille.

– Veux-tu ajouter quelque chose ? demanda-t-il quand il eut terminé.

– Non. Tu peux rouler le papyrus et l'aplatir.

Le scribe plia ensuite la lettre en deux et indiqua très clairement le nom du destinataire.

– Je vais tout de suite le donner au porteur de dépêches.

– Pense à commander du papyrus ! Qu'on nous l'apporte par messager spécial. Je ne veux en aucun cas que des soldats profitent de ces porteurs de dépêches pour transmettre leur propre courrier. J'interdis à ces porteurs de faire une halte dans quelque ville que ce soit sauf pour se reposer. Ils doivent arriver à Thèbes le plus vite possible !

Le scribe salua et se retira.

– Me voilà d'excellente humeur grâce à toi, chef du harem. Tu as eu une idée lumineuse. Je te récompenserai dès que Kertari sera auprès de moi.

Le roi imaginait déjà la belle jeune fille allongée près de lui. Il se reposerait ainsi des longues luttes de la journée. Seule Kertari savait lui apporter ce repos d'esprit dont il avait besoin après un combat. Elle acceptait tout, approuvait ses paroles, se contentait d'écouter calmement.

Le pharaon se laissa aller entre les bras de ses femmes. Il demeurait cependant à l'écoute, attentif, comme un animal chassé, au moindre bruit insolite. « Ces habitants de Meggido sont plus têtus que des mules ! Pourquoi ne se rendent-ils pas ? Ils me feraient gagner du temps. Au lieu de quoi, le roi du Mitanni doit se préparer à nous accueillir ! Je dois traverser l'Euphrate et imposer ma loi avant de rejoindre l'Égypte. Je me demande quand nous pourrons retourner à Thèbes. J'ai bien fait de faire venir Kertari. »

Il songea soudain à la réaction de la Grande Épouse royale.

– Sera-t-elle informée de ma décision ? L'acceptera-t-elle ? Elle peut se rebiffer, me tourmenter dès mon retour, m'assaillir de questions.

243

Thoutmosis

Il refusa d'y songer davantage, estimant que Méryrêt ne tenait pas toujours son rôle.

– Voilà des plats chauds et des boissons, dit le chef du harem. Je vais me retirer. Si tu souhaites me voir revenir, préviens ces deux serviteurs. Je ne serai pas loin.

– Qu'ils partent eux aussi ! dit le pharaon. Je n'ai besoin de personne. Les gardes qui protègent l'entrée t'informeront de mes désirs.

– Il sera fait comme tu le souhaites, répondit humblement le chef au crâne rasé.

– Contentez-vous de chantonner et de jouer pour moi, dit le roi aux femmes du harem. Je n'aime guère entendre les femmes jacasser.

– Ne pouvons-nous rester étendues près de toi ? demanda l'une d'entre elles.

– Si bien sûr. J'apprécie vos caresses et votre peau parfumée. Mais ne dites rien. Laissez-moi savourer ces doux instants en silence. La nuit est calme. La chaleur est apaisante. Je me sens serein depuis que votre chef m'a éclairé. Que les déesses de l'amour nous fassent connaître des moments passionnés et délicieux !

Toutes entourèrent le roi avec passion. Elles étaient fières de le servir et d'avoir été choisies dans le harem de voyage même si la vie dans le désert était moins plaisante que celle du palais. Le roi papillonnait, s'occupant de l'une, embrassant une autre, ne songeant plus en réalité qu'à Kertari. Le vin brouilla bientôt ses sens. Il s'imaginait dans les bras de la jeune prisonnière et se rappelait les premières heures passées à ses côtés. Les fers aux

244

Le rival d'Hatchepsout

pieds, elle l'avait séduit ; les mains liées, elle l'avait envoûté. Il n'avait pu résister à ses grands yeux tristes et purs où se lisait toute l'innocence du monde. N'était-il pour elle que l'assassin de son père ? Jamais elle ne lui en avait parlé malgré sa peine. Elle l'avait toujours honoré comme Pharaon. Celui dont les actes s'acceptent sans se discuter, Celui que les dieux guident partout avec bonheur.

XX

Après une nuit agitée, Thoutmosis III convoqua Tianou qui marchait toute la journée dans ses pas notant tout ce qu'il jugeait bon d'écrire dans le journal qu'il tenait sur Pharaon.

– Je t'ai vu mentionner quelques remarques sur ton papyrus lorsque je me dirigeais vers le harem d'accompagnement... plaisanta Thoutmosis III. Est-il bien nécessaire de coucher sur le papyrus le nom des femmes avec lesquelles je passe mes nuits ? Mieux vaut relater les faits militaires, les voyages, les étapes, les combats...

– Remarquable pharaon, répondit Tianou en recourant à ses flatteries habituelles, tout ce que tu fais m'intéresse et passionnera les Égyptiens.

– Très bien ! Alors, tu peux noter aussi que je compte poursuivre le siège de Meggido tant que ses habitants ne se seront pas rendus, que je partirai ensuite pour l'Euphrate et que je viens d'envoyer un messager à Thèbes.

– Pour réclamer des renforts ou informer la Grande Épouse royale de tes exploits ?

– Non, Tianou. Pour aller chercher une fille du harem dont j'apprécie la compagnie et pour qu'il

Thoutmosis

rapporte des feuilles de papyrus de tous formats. Je ne pensais pas que tu utiliserais un tel stock de papyrus. Mon scribe n'en a même plus pour envoyer les dépêches ! Il lui faut utiliser d'anciennes feuilles déjà couvertes d'encre, effacer les caractères existant ou écrire au verso !

– C'est que la vie de Pharaon est palpitante ! assura Tianou. Tout le monde n'a pas le privilège d'écrire sur le Grand Taureau puissant !

Thoutmosis éclata de rire.

– Décidément, Tianou, tu es unique. J'apprécie ton engagement et ton dévouement. Ajoute aussi que j'ai l'intention de nommer Rekhmirê vizir dès mon retour de campagne. Il le mérite. J'avais promis à son oncle de lui confier mon royaume pendant cette campagne mais je n'ai pas eu le temps d'organiser les festivités pour le nommer vizir. La fonction de vizir du Nord est remarquablement tenue par Oazer en qui j'ai entière confiance même si son père fut autrefois nommé par Hatchepsout.

– Hier, j'ai entendu les paysans se plaindre de la longueur du siège. Quand tu as quitté Thèbes, les moissons de blé et d'orge étaient achevées. Nous attendions que brillât l'étoile du Nouvel An et que le Nil inondât les champs. C'est maintenant chose faite. La terre égyptienne aura de nouveau besoin de ses cultivateurs.

– Nos paysans sont entraînés pour guerroyer lorsque le pays est en danger. Leurs femmes les suppléeront en leur absence. Je suis conscient que les récoltes en souffriront mais mieux vaut une année de mauvaise récolte que des années d'esclavage ou d'occupation !

– Les bouchers de l'armée s'inquiètent du nombre d'animaux que nous avons emmenés pour notre consommation. Ils prétendent que nous n'aurons pas suffisamment de bœufs et de moutons pour nous nourrir.

– Allons donc ! Jamais je ne serai pris en défaut sur ces questions d'intendance ! Quand Meggido cédera, ce qui ne saurait tarder, nous aurons à notre disposition de la nourriture, des bêtes et du fourrage pour nos chevaux. Nous pourrons même mettre la main sur le trésor et nous emparer de quelques vêtements. Nous avons accumulé de beaux présents grâce aux caravaniers que nous avons croisés sur les chemins et qui voulaient en profiter pour me montrer leur sympathie. Ils nous ont donné des brebis appétissantes et du vin grec d'excellente qualité. Les bougres savaient qu'ils me faisaient plaisir et qu'ils pourraient ainsi continuer à circuler sans problèmes sur les terres que nous possédons. Il nous reste aussi les denrées que les tribus de cette région nous ont spontanément données en nous voyant arriver.

– Tu les terrorisais ! Ils t'auraient donné leur pagne !

Le roi éclata de rire.

– Décidément, tu m'es sympathique, Tianou...

– Dans mon récit, j'ai longuement évoqué les acclamations des peuples qui ont applaudi le passage de ton armée pendant notre voyage. J'ai également noté la rapidité avec laquelle tu étais parvenu dans le pays de Canaan.

Thoutmosis

– J'aurais voulu progresser plus rapidement encore. Ces jours m'ont semblé longs. Les fantassins avaient du mal à suivre nos chars. Quant aux véhicules transportant la nourriture, ils étaient précisément trop chargés. Lorsque nous sommes parvenus à Gaza, j'ai trouvé les soldats fatigués.

– Nous avions déjà derrière nous plus de douze jours de voyage… précisa Tianou en consultant ses notes.

– Et il nous en a fallu douze autres pour arriver jusqu'ici !

– J'ai écrit très précisément le discours que tu as alors adressé aux soldats, dit Tianou en déroulant un autre papyrus. Souhaites-tu ajouter un détail ? Tu as déclaré : « Nos ennemis se trouvent dans Meggido. Les chefs coalisés contre nous se sont enfermés dans la cité. L'ennemi ose narguer Pharaon ! Exprimez-vous ! Dites-moi comment les punir ! »

– Cela me paraît conforme à ce que j'ai déclaré.

– J'ai ensuite décrit tes choix de stratégie, ton hésitation à emprunter les défilés ou à suivre la voie du Nord ou du Sud en déployant ton armée dans la plaine au vu et au su de l'ennemi.

– As-tu oublié que celui-ci nous avait repérés ? J'ai préféré abandonner la plaine où nous attendaient nos adversaires mais je n'en ai pas moins gagné les défilés menant jusqu'aux portes de Meggido. As-tu rappelé les quelques jours que nous avons passés à la préparation de cette expédition ?

– Aie l'âme en repos. J'ai mentionné tous ces détails sans en omettre un seul. En revanche, je me

Le rival d'Hatchepsout

demandais ce que tu faisais sous ta tente la nuit où nous avions pour la première fois dressé notre campement devant les remparts de la ville.

– J'étais confiant, Tianou. Je me remémorais, néanmoins, le plan que j'avais élaboré et qu'Amenmen modifia au dernier moment. Les soldats qui osèrent sortir de la forteresse au moment où nous attaquions l'armée ennemie ont été immédiatement refoulés. Tu raconteras comment nous avons récupéré, après notre victoire, des chars d'or et des armes étincelantes.

Thoutmosis s'arrêta de parler pour laisser à Tianou le temps de notifier ces précisions par écrit.

– J'ai ordonné, hier, de creuser un fossé autour de la ville. Aucun char ne pourra sortir de la cité sans casser ses essieux. Nous pouvons ainsi dormir tranquilles ! Cet après-midi, un petit mur entourera notre camp et ma propre tente.

– Tu pourras donc retourner dans ton harem en toute quiétude…

– Regarde ces monts arides et colorés frappés par le soleil, cette plaine sereine. Se rappelle-t-elle seulement qu'elle fut recouverte de cadavres il y a quelques jours ? Si nous nous trouvons encore ici au moment des récoltes, les soldats redeviendront paysans et ils pourront couper les gerbes de blé jusqu'aux portes de Meggido.

– Thoutmosis-Menkhepêrre, je t'appellerai dans mes écrits « Celui qui a piégé les Asiatiques ».

– Le titre me convient assez bien… répondit le roi.

Thoutmosis

*

* *

Le messager du roi arriva au palais une trentaine de jours plus tard. Méryrêt-Hatchepsout se précipita pour l'accueillir. Elle ne se doutait pas que la lettre de son époux était adressée à la responsable du harem.

– Que veut dire cela ? demanda-t-elle au porteur de dépêches. Tu ne te présentes pas devant la Grande Épouse royale dès ton arrivée à Thèbes ? J'attends des nouvelles de Pharaon Horus d'or depuis des jours et tu réclames la responsable du harem ! Que dois-je en conclure ?

– Hélas, Grande Épouse aimée d'Amon, je n'ai pas le droit de te révéler le contenu du message que j'apporte à la dirigeante du harem avant qu'elle n'en ait elle-même pris connaissance. Parle-lui dès qu'elle aura entendu mon message.

Méryrêt-Hatchepsout rougit de colère.

– Jamais je n'ai entendu de paroles aussi effrontées ! dit-elle en pointant vers lui un doigt menaçant.

– Pardonne-moi Grande Épouse. Mais il me faut exécuter les ordres de Pharaon...

– Ainsi donc le roi t'a interdit de me lire le contenu de ce message ! Il n'a pas dicté une ligne à mon intention, moi qui m'inquiète et me languis !

– Tu déformes mes propos, Grande Épouse. Le roi m'a simplement dit de remettre ce pli en main propre à la responsable du harem et à elle seule.

– Bien, par Isis, alors va lui remettre ce papyrus ! Que mon scribe m'accompagne au harem ! Nous

Le rival d'Hatchepsout

prendrons connaissance de son contenu ensemble !

Le scribe, qui était assis en tailleur devant le bureau de Méryrêt, se releva aussitôt.

– Suis-nous dans le harem, dit-elle sèchement au messager.

Le porteur de dépêches courut presque derrière la Grande Épouse qui traversa le corridor à grandes emjambées, impatiente de connaître le contenu du message de son époux. Il demanda à parler à la responsable du harem.

– Une lettre du roi ? s'étonna celle-ci en saluant la reine par l'ensemble de ses titres. Mais que peut donc me vouloir Pharaon ?

– Cesse de minauder, dit la reine en prenant place dans un fauteuil imposant. Asseyons-nous et écoutons le scribe.

L'Égyptienne déroula le papyrus et commença sa lecture avant de le donner au scribe. Elle comprit immédiatement l'objet du message et se mit à rougir.

– Que se passe-t-il ? demanda Méryrêt à qui rien n'échappait. Que t'écrit le roi, à toi qui n'es jamais qu'une ancienne fille de harem !

– Rien de bien important... murmura la femme qui maintenant blêmissait.

– Ce sera à moi d'en juger !

– En réalité, Pharaon se plaint de ne pas avoir assez de femmes dans son harem d'accompagnement...

– Je les ai pourtant choisies moi-même. Celles qui l'ont suivi sont belles et jeunes comme il les aime !

– Mais elles étaient peu nombreuses et le siège de Meggido se prolonge.

Thoutmosis

– Le roi pouvait m'écrire à ce sujet. Je m'en serais occupée ! Que signifie toutes ces cachotteries ?

– Le roi n'a sans doute pas voulu te déranger pour de telles bagatelles ! ajouta la responsable en reprenant confiance en elle. Je vais lui envoyer d'autres femmes. Si la Grande Épouse souhaite les choisir elle-même...

– Je veux surtout que mon scribe lise très attentivement ce message, répondit la suspicieuse Méryrêt.

Comme le scribe tendait la main pour s'emparer du rouleau de papyrus, la responsable proposa du vin à la Grande Épouse.

– Mets-toi à l'aise. Te recevoir est toujours un plaisir. Je vais te lire moi-même cette lettre. Je connais parfaitement les hiéroglyphes.

– Je t'écoute, répondit Méryrêt en prenant la coupe que lui tendait l'habile Égyptienne.

Elle déroula de nouveau le papyrus et lut lentement le message du roi en le déformant légèrement.

– Je m'étonne que Pharaon n'ait pas profité de ce messager pour me faire parvenir un rapport de ses activités. Il ne nous apprend rien de plus sur la guerre.

La Grande Épouse interrogea le héraut qui s'empressa de la rassurer en lui racontant les exploits de Pharaon.

– Réponds aux désirs du roi, conclut Méryrêt. Je viendrai voir les femmes que tu auras choisies avant qu'elles ne partent pour Meggido.

– J'agirai comme tu le souhaites, répondit l'Égyptienne en se courbant.

Le rival d'Hatchepsout

Méryrêt regarda une dernière fois le message qu'elle tenait contre sa poitrine.

– Tu n'en as plus besoin, dit-elle. Donne-le-moi. Nous le classerons dans les archives royales.

L'Égyptienne le serra dans sa main.

– Ne puis-je le garder quelque temps ? Posséder un message personnel du roi est un grand honneur ! Je le remettrai ensuite au responsable des registres.

– Je comprends ton émotion, répondit Méryrêt en voyant des larmes dans le regard de l'Égyptienne.

– Tu y consens donc ?

– Oui. Il me plaît de te voir obéir à Pharaon avec une telle diligence.

– Que les déesses te fassent resplendir toute ta vie de cette lumière qui t'entoure, répondit l'Égyptienne en remerciant intérieurement Isis d'avoir protégé Kertari.

Dès que Méryrêt fut sortie, elle demanda au porteur de dépêches d'approcher.

– Sais-tu quel est le message de Pharaon ?

– Tu viens de le lire…

– Pharaon souhaite qu'une femme du harem le rejoigne à Meggido. Elle s'appelle Kertari mais la Grande Épouse royale vient de l'envoyer dans le harem du Fayoum.

– Pourquoi ne pas en avoir parlé à la Grande Épouse ?

L'Égyptienne haussa les épaules.

– Décidément, les femmes sont souvent plus subtiles que les hommes ! La Grande Épouse royale ne

Thoutmosis

semble guère apprécier Kertari. Garde mes paroles dans un coin de ta tête. Je vais choisir pour le roi une dizaine d'autres femmes. Tu te rendras avec elles au harem du Fayoum. Là, tu demanderas à parler à Kertari...

– Mais la vénérable Méryrêt-Hatchepsout sera aussitôt informée de ma visite ! Elle s'en étonnera !

– Peut-être mais il sera trop tard. Kertari sera déjà partie avec toi pour la route de l'Est. Écoute-moi bien. Va trouver Kertari et remets-lui cette lettre du roi. Je vais également te dicter un message personnel. N'aie crainte. Je connais les volontés de Pharaon. Si tu ne retournes pas auprès de lui avec Kertari, il te punira.

Tout d'abord convaincue par le ton de l'Égyptienne, Méryrêt se souvint de plusieurs détails qui la perturbèrent. Elle informa Sobkit de ses craintes et de ses soupçons.

– J'avais l'impression que cette Égyptienne me cachait quelque chose. Surveille-la ! Tâche d'en savoir davantage. Je ne peux concevoir que Pharaon ne m'ait pas écrit. Lui est-il arrivé un accident ? Cherche-t-on à me ménager ? Le roi a-t-il réellement demandé d'autres femmes ?

– Tu sais combien il aime être entouré...

– Tu m'as pourtant rapporté qu'il se contentait ces derniers mois de fréquenter la jeune Kertari sans se préoccuper des autres.

– Je maintiens ce que j'ai dit, par Isis !

– Rends-toi au harem et viens me donner des informations.

Le rival d'Hatchepsout

Méryrêt convoqua la suivante qu'elle avait trouvée dans les appartements de Kertari quelques jours plus tôt. La jeune femme attendait sa sentence avec angoisse.

– Je n'ai pas l'intention de te punir parce que tu avais une amie dans le harem, dit la Grande Épouse. Tu connais bien Kertari ?

– Un peu…

– Est-ce qu'elle te manque ?

– Oui, Je le reconnais. Elle est douce et attachante.

– Que pense-t-elle de Pharaon ?

– Elle l'honore comme chacun de nous.

– L'as-tu vue avec le roi ?

– Non. Je ne me rendais que rarement au harem.

– Mais tu as entendu les femmes jaser.

– Je le reconnais, par Hathor.

– Que disaient-elles ?

– Que Kertari était très attachée au roi Thoutmosis.

– Et le roi ?

– Jamais nous n'osons parler du roi dans le harem.

Méryrêt la regarda avec stupeur. Comment sa servante osait-elle avancer une telle stupidité alors que Pharaon constituait le principal sujet des femmes du harem.

– Ainsi donc Kertari éprouve des sentiments pour Pharaon. J'avais cru le deviner. Connais-tu d'autres détails qui m'échapperaient ?

– Comment serait-ce possible, Grande Épouse ?

– La bienveillante et colérique Pakhet me rend vigilante. J'ai rêvé cette nuit que Kertari s'échappait

Thoutmosis

du harem du Fayoum. Je n'ai pas compris ce songe. Je la voyais courir dans le désert en appelant quelqu'un mais je n'entendais pas ce qu'elle disait. Un devin a tenté d'expliquer mon rêve mais rien de ce qu'il m'a dit ne m'a plu. Je vais envoyer un messager au Fayoum pour m'assurer que Kertari a bien intégré le harem et qu'elle s'y plaît.

– Je n'en doute pas, intervint aussitôt la jeune Égyptienne en se montrant soudain très loquace. Elle m'a fait parvenir un admirable poème et m'a raconté combien elle apprécie les femmes avec qui elle partage ses heures de loisirs.

– J'avoue que cela me rassure. Ses évanouissements m'avaient troublée.

– Kertari est de santé fragile. Elle a été autrefois très émue par la mort de son père. Elle garde de cette période de trop mauvais souvenirs qui ont développé en elle une grande sensiblerie.

– Voilà probablement l'explication de ses absences. J'ai apprécié ta franchise. Mais souviens-toi que tu es avant tout ma servante et que tu dois travailler dans cette partie du palais. Ne t'égare pas dans un lieu où tu n'as pas ta place.

La jeune femme se jeta aux pieds de la reine et les embrassa avec fougue. Elle n'aurait su dire pourquoi elle s'était sentie soudain obligée de protéger Kertari. Mille pensées lui traversèrent l'esprit. « Je ne la connais guère. Elle me paraissait sympathique. Mais pourquoi les déesses m'ont-elles fait mentir si facilement ? » Elle attendait que la reine l'autorisât à se relever. « Kertari a-t-elle consulté le médecin du palais comme je le

258

Le rival d'Hatchepsout

lui avais conseillé ? Attend-elle vraiment un héritier de Pharaon ? »

Un vent puissant se leva tout à coup, balayant les
palmes avec violence.

– Il faudra que je consulte le vizir, dit la reine pensive. Les femmes et les enfants de nos paysans vont
devoir travailler dur pour assurer de bonnes
récoltes. Leurs maris et leurs pères ne rentreront
pas avant la prochaine saison...

XXI

Lorsque Kertari arriva au camp des Égyptiens, les habitants de Meggido ne s'étaient toujours pas rendus. Le pharaon attendait leur reddition avec impatience car les mois passaient, entraînant parmi les soldats une grande lassitude. La plupart souhaitaient rentrer à Thèbes et s'inquiétaient de leur famille et de leurs champs. Les autres conseillaient à Pharaon d'attaquer et de prendre la ville.

– Ils n'ont pas tort, dit, un jour, Amenmen au roi. Les habitants de Meggido doivent être affamés. Ils seront faciles à battre.

– Pourquoi veux-tu que nous risquions la vie d'un seul de nos hommes alors qu'ils viendront bientôt m'implorer à genoux de les épargner ?

– En réalité, voilà ce que tu souhaites. Tu veux les voir te supplier à genoux.

– N'est-ce pas normal ? Ils ont insulté les dieux en pensant être supérieurs à Pharaon. Qu'ils s'en repentent et me prient d'être clément à leur égard.

– Que feras-tu d'eux ?

– Je jugerai le moment venu.

Thoutmosis

Quand elle entra dans le camp, Kertari éprouva une immense joie. Le messager revenait avec dix autres femmes du harem thébain. La jeune fille était impatiente de revoir le roi. Kertari avait, cependant, hésité à faire le voyage dans son état. Mais elle n'avait pu résister à l'envie de se retrouver auprès du roi.

– Pharaon tout-puissant, je te ramène de nouvelles femmes, dit le messager en se présentant devant Thoutmosis III.

– Enfin te voilà ! Tu as été long...

– Tu comprendras mon retard lorsque je t'aurai raconté mon épopée.

Le roi l'interrompit. Il cherchait à dissimuler son impatience.

– Kertari t'a-t-elle accompagné ?

– Oui, répondit le messager.

– Comment se porte-t-elle ?

– Bien. Les femmes n'ont pas été fatiguées par le voyage. Elles se présenteront devant toi dans toute leur beauté comme si elles se trouvaient encore dans le palais thébain.

– Les femmes ? Mais de quelles femmes parles-tu ? Je n'en avais mentionné qu'une seule...

– Tu vas comprendre, Pharaon tout-puissant.

– Alors, raconte-moi tout mais abrège ton récit.

Le messager lui fit part de son entrevue avec la responsable du harem de Thèbes et des exigences de la Grande Épouse royale.

– Ainsi donc tu reviens avec dix autres femmes...

– Oui, Pharaon tout-puissant. J'ai été contraint d'agir ainsi sous peine d'éveiller les soupçons de la grande Méryrêt-Hatchepsout.

262

Le rival d'Hatchepsout

Le roi montra son agacement.

– La Grande Épouse n'a pas à manifester ses opinions quand Pharaon a donné des ordres !

– Je ne savais comment agir. Je ne voulais désobéir ni à Ta Majesté ni à la Grande Épouse aimée d'Isis et protégée d'Hathor.

– Rassure-toi, tu as bien fait de ne pas lire mon message à Méryrêt et d'écouter les conseils de la responsable du harem. Cette brave femme a toute ma confiance. Je saurai la récompenser en conséquence.

– Si la Grande Épouse apprend que je l'ai trompée, je serai condamné à mort.

– Oublierais-tu que seul Pharaon règne ? La Grande Épouse ne fera rien contre toi !

– Sauf si...

Mais le messager s'interrompit et préféra remercier le roi.

Thoutmosis devina toutefois ses hésitations.

– S'il m'arrivait malheur, je ferais en sorte que tu sois épargné, dit-il.

Le messager se prosterna et se retira.

– Ainsi donc, Kertari est enfin arrivée, murmura le roi. Ce siège m'horripile. Elle apaisera mon impatience.

Au moment où Thoutmosis III sortait de sa tente, les onze jeunes filles s'apprêtaient à rejoindre le harem d'accompagnement. Elles se jetèrent aux pieds de pharaon.

– Les déesses vous accueillent dans ce désert, dit le roi. Rendez-leur hommage afin de les apaiser car elles peuvent être redoutables.

Thoutmosis

– N'aie crainte, Pharaon, répondit Kertari de sa voix claire et posée, nous avons prié la déesse Pakhet tout au long du chemin et nous avons rendu hommage à Pharaon.

Kertari s'étonna elle-même de son audace. Elle semblait parler par la voix de la divinité.

– Je reconnais là ta grande sagesse, Kertari, lui dit le roi. Votre présence m'est agréable. Allez vous reposer et vous délasser. Je vous rendrai visite dès le crépuscule.

Kertari comprit que ce discours s'adressait à elle seule. Elle sentit son cœur battre très fort dans sa poitrine. « Vais-je annoncer au roi que j'attends un enfant de lui ? se demanda-t-elle. Et s'il me détestait en apprenant cette nouvelle, s'il refusait de me revoir ? » Elle se rassura vite. « Il s'inquiète de la santé de tous ses enfants. Pourquoi ferait-il une exception pour le mien ? »

*
* *

Kertari décida de se faire belle pour le roi. Elle passa un temps infini à sa toilette et se laissa masser le dos et les jambes jusqu'à ce que sa peau fût plus douce que le miel fondant sous la langue. Elle ne fut satisfaite que lorsque ses cheveux défaits embaumèrent de mille senteurs mêlées, toutes plus délicieuses les unes que les autres. Sa peau sentait l'amande et la myrrhe. Elle se fit épiler et frictionner avec de l'encens le plus pur que sa servante prit dans un petit vase en obsidienne. Elle

Le rival d'Hatchepsout

appliqua sous ses bras et sous la plante de ses pieds un onguent à base de térébenthine parfumée, s'enduisit le corps d'une crème propre à raffermir la peau et à effacer les taches de soleil. Lorsqu'elle se sentit enfin détendue, elle ferma les yeux pour se relaxer.

– J'ajoute sur ta peau fine et fragile ce mélange de miel, de sel et de natron. Elle ne doit pas se friper avec le temps.

– Tu as raison, approuva Kertari. Je veux rester belle pour Pharaon. Ajoute du lait d'ânesse. On me l'a recommandé pour conserver ma jeunesse.

– Je vais aussi appliquer ce masque d'huile de ricin sur ta chevelure. Le roi ne vous rendra pas visite avant le coucher du soleil. Il aura fait son effet d'ici-là. Tes cheveux seront plus brillants et plus volumineux. Ils seront plus doux au toucher.

– Le roi aime les caresser longuement...

– Alors, laisse-moi agir au mieux !

Kertari se para de fines chaînettes d'or dont elle orna sa taille fine, ses chevilles et son cou. Elle disposa une turquoise dans son nombril et enfila à chacun de ses doigts une bague en pierres semi-précieuses.

Elle venait juste d'achever ses préparatifs quand Thoutmosis entra dans le harem.

– Vous êtes toutes plus ravissantes les unes que les autres, constata le roi. Il me sera difficile de choisir ce soir entre vous.

Kertari sourit. Elle ne croyait pas au discours de Thoutmosis III. Le roi passa une partie de la nuit en compagnie des dix nouvelles venues. Puis il invita Kertari sous sa tente.

Thoutmosis

– Je suis honorée d'être choisie, dit-elle en le suivant. Aurais-je le bonheur de plaire à Pharaon ?

– Toutes les femmes qui peuplent mes harems me plaisent, répondit le roi.

Kertari mangea des pâtisseries en sa compagnie et but de joyeuse humeur.

– Je ne te reconnais plus, dit Thoutmosis en riant. Ton appétit fait plaisir à voir. Mais je t'ai connue peu gourmande.

Kertari arrêta soudain de manger comme une enfant prise en plein péché de gourmandise. « Il va comprendre que je suis enceinte, se dit-elle. Je ne suis pas maligne... »

– Les dieux me donnent des velléités insoupçonnées, répondit-elle. Mais j'en connais la raison.

– Ah oui ?

– Je suis heureuse de revoir Horus d'or, Taureau puissant. Je préfère me trouver auprès de Pharaon plutôt que de languir dans le harem du Fayoum.

– Comment cela languir ? Mais tu possèdes tout ce qu'une femme peut avoir ! Et pourquoi évoques-tu le harem du Fayoum ?

– Grand maître de l'Égypte, la Grande Épouse royale a jugé préférable de m'installer au Fayoum.

– Comment, par Osiris ? Je n'ai jamais donné d'ordre en ce sens ! Ne te trouvais-tu pas à ton aise à Thèbes ?

– Je m'y sentais bien.

Kertari n'osa préciser que la présence du roi au palais ajoutait à son bonheur.

– Je crois savoir pourquoi la reine a agi ainsi, finit par dire le roi. Es-tu partie seule au harem de Thèbes ?

Le rival d'Hatchepsout

– Non. Plusieurs femmes m'ont rejointe au Fayoum.

– La reine a cru me faire plaisir en envoyant là-bas les femmes que j'apprécie. Faire partie de ce harem prestigieux est un grand honneur.

– J'ai cru le comprendre.

– Comment y as-tu été accueillie ?

– Le mieux du monde. Ma compagne de chambre est très agréable.

– Si tu souhaites y rester, je n'y vois pas d'inconvénient. Cependant, si tu préfères revenir à Thèbes, je m'y emploierai.

Kertari se montra très déçue de la réponse du roi.

– J'agirai comme tu le veux, répondit-elle, la voix brisée.

– Réfléchis et donne-moi ta réponse dans quelques jours.

Comme le roi l'enlaçait, Kertari demeura pensive.

– Je m'étonne de ton manque d'ardeur, dit le roi. Ne prétendais-tu pas être heureuse de me revoir ? Ne le serais-tu pas qu'il faudrait te plier à mes désirs.

– Je suis à tes ordres, répondit Kertari d'une voix blanche.

Tandis que Pharaon l'embrassait, des larmes coulèrent le long de ses joues. Mais elle oublia vite sa peine tant le roi se montra attentionné à son égard.

– Ta présence me réconforte, dit Pharaon. Un tel bien-être se dégage de ta personne ! J'en ai besoin pendant une si longue campagne. Tous mes soldats sont agacés par ce siège interminable. J'ai décidé de leur donner quelques prisonnières pour les contenter.

267

Thoutmosis

Ce sont des femmes qui ont tenté de sortir de la cité pour aller chercher des renforts. Elles sont plus têtues et plus agressives que leurs maris.

Kertari allait demander à Pharaon ce qu'il ressentait pour elle mais elle se rattrapa au dernier moment. Elle ne savait plus que penser. Avait-elle imaginé des sentiments impossibles ? Avait-elle fait preuve de présomption en se croyant l'élue des femmes du harem ? Les déesses lui montraient quelle était sa place et elle en prit soudain conscience avec une immense tristesse.

XXII

Pendant sept mois, les Égyptiens attendirent la reddition de leurs ennemis. Kertari n'avait pu cacher longtemps son état au roi. Thoutmosis s'était montré heureux de cet événement. Mais il avait aussitôt renvoyé Kertari à Thèbes avec un message à l'adresse de Méryrêt. Il lui demandait de reprendre Kertari dans le harem thébain et de veiller personnellement sur sa santé.

Devinant la réaction de la Grande Épouse, Kertari ne se montra pas pressée de repartir. Elle dut, cependant, s'y résoudre, le médecin du camp lui ayant conseillé de se coucher chaque jour.

– Comment feras-tu si nous reprenons la route ? lui disait Pharaon pour la convaincre. Repars pour Thèbes dès maintenant. Tu m'attendras là-bas. Les déesses Hathor et Thouéris veilleront sur la naissance de cet enfant. Mes pensées t'accompagneront. Tu ne voyageras pas sans escorte ni sans médecin.

Kertari avait été une nouvelle fois très troublée par la délicatesse du roi à son égard. Elle regrettait de le laisser parmi des femmes jeunes et belles, capables de le séduire, mais les divinités ne lui laissaient guère le choix. Elle partit donc à l'aube avec

269

Thoutmosis

quelques cavaliers, espérant rejoindre sa ville préférée le plus rapidement possible.

*
* *

Les ennemis se rendirent à la saison suivante. Un
messager se fit annoncer dans la camp égyptien.
Pharaon se précipita pour le recevoir.

– Je t'écoute, lui dit-il sans ménagement. Je n'ai
jamais vu de telles mules que ces Asiatiques !
Qu'espèrent-ils obtenir ? Qu'attendent-ils des dieux ?
Amon me soutient !

– Pharaon tout-puissant, les habitants de Meggido
et leurs alliés réfugiés dans la cité ont pris conscience
de ton grand pouvoir. Ils souhaiteraient se plier à tes
volontés et se rendre.

– Enfin ! clama le roi.

Il demanda aussitôt à son scribe d'aller chercher
Amenmen, Rekhmiré et Menkheperrêsen pour leur
annoncer la nouvelle.

– Je ne pardonnerai pas si facilement à des gens
si retors, ajouta Pharaon.

– Ils s'engagent à ne plus attaquer l'Égypte !

– Je veux un engagement écrit !

– Le voilà...

Le messager lui tendit le rouleau de papyrus.

– Bien, dit le roi. Tout me paraît conforme aux
coutumes militaires.

Puisqu'il en est ainsi, j'autorise les habitants de
Meggido à devenir mes prisonniers et à venir me
parler.

Le rival d'Hatchepsout

– Leurs femmes et leurs enfants pourront-ils se joindre à eux ?

– Oui. Je vais m'avancer jusqu'à la porte de la ville. Qu'ils se présentent à moi sans attendre, les mains levées et la tête baissée. Je comprendrai alors qu'ils se rendent une fois pour toutes.

– Il en sera fait comme tu le désires, maître qui donne le souffle de vie...

– Et qui le retire. N'oublie jamais mes paroles et ne cherche pas à me berner sinon tu auras affaire à moi !

Le messager retourna dans la ville tandis que le roi disposait quelques-uns de ses hommes à l'entrée, s'apprêtant à recevoir la soumission des ennemis. Tous sortirent en file, les mains au ciel et les yeux fixés sur le sol. Derrière eux s'avancèrent des chars pleins d'or, d'argent, d'armes et d'équipements militaires. Des dizaines de chevaux magnifiques furent offerts à Pharaon. Des vivats jaillirent du haut des remparts.

– Ils t'acclament ! dit Amenmen avec joie. Regarde comme ils sont maigres...

– J'apprécie leur courage. Ils me font pitié. Ces enfants seraient bientôt morts de faim. Qu'on leur donne à manger !

Des serviteurs s'activèrent aussitôt autour des prisonniers, leur distribuant des vivres et des boissons.

– Puisque tu nous redonnes vie, dit le chef de la cité en s'avançant vers Pharaon, nous la remettons entre tes mains.

Thoutmosis

– J'accepte tes chevaux et tes équipements. En outre, vous aurez tous la vie sauve. La plupart rentreront chez eux. Ils pourront clamer dans leur pays que Pharaon est le plus fort ! Certains viendront avec moi en Égypte ! Vous constituerez les présents que je compte faire au dieu Amon grâce à qui j'ai vaincu.

Comme quelques marmonnements se faisaient entendre dans les rangs, le roi les rassura.

– Le grand prêtre vous traitera bien. Vous cultiverez les champs pour le dieu. Votre punition sera de quitter vos terres et votre région. Mais il est plaisant de vivre en Égypte... Ne convoitiez-vous pas ce pays pour y résider ? Je vous offre cette possibilité !

– Nous aurions préféré vivre libres en Égypte, répondit le chef, mais nous nous soumettons volontiers à ta puissance.

– Vous ne le regretterez pas et vous vous adapterez comme tous les prisonniers de guerre.

Le pharaon donna ensuite le signal d'entrer dans la citadelle.

– Prenez ce qui vous fait plaisir, dit-il à ses hommes.

Tous les soldats coururent vers les portes. Ils se disputèrent la vaisselle en or, s'arrachèrent les tenues militaires. Ils saisirent des éléments décoratifs propres à agrémenter leur maison. Ils emportèrent des statues et des fresques.

Satisfait de sa journée, le pharaon se retira sous sa tente, le soir venu, afin de dicter des messages d'enthousiasme.

Le rival d'Hatchepsout

– Les Égyptiens seront bientôt informés de ma victoire ! Ils jubileront ! Je veux aussi que tous mes ennemis connaissent ma grandeur.

– Pourquoi ne la fais-tu pas graver dans la pierre ? proposa Rekhmirê. Si j'étais déjà ton vizir, j'aurais donné des ordres en conséquence...

– Tu as raison ! Tianou ! Note ce qui va suivre ! Je souhaite que mes exploits soient écrits sur les murs et les piliers des temples !

Le roi s'interrompit.

– Quels temples pouvons-nous envisager ?

– Des monuments nubiens. Si les rebelles de cette région avaient encore la mauvaise idée de se soulever contre Pharaon, une telle nouvelle les en dissuaderait !

– J'apprécie la capitale de cette région du Sud. Je veux y voir graver les plus beaux éloges. Menkheperrêsen, toi qui portes presque le même nom que moi, décide des mots qui seront gravés dans la pierre.

L'ami du roi se montra flatté d'un tel honneur. Il réfléchit quelques instants. Mais le texte lui parut bientôt évident.

– Il me suffit de revivre la bataille que tu as menée avec courage, de réfléchir au plan d'attaque que tu as adopté, de rappeler ta patience et ta bienveillance envers les prisonniers pour trouver les adjectifs qui qualifieront tes exploits.

– Je t'écoute...

– « Thoutmosis III combat avec son épée et son arc. Incomparable, il tue ses ennemis et ravage les pays qui lui tiennent tête. Il a fait prisonniers les

Thoutmosis

chefs des armées du Retenou. Il les ramènera sains et saufs en Égypte. Il a acquis des chars remplis d'or et de présents, des chevaux et leurs harnachements, des équipements indispensables à la poursuite de la guerre. »

– Qu'en penses-tu, Tianou ? demanda Thoutmosis III. Menkheperrêsen semble avoir fait preuve de talent.

– Je n'ai plus qu'à recopier cet éloge mérité.

– Le texte est adopté !

Le roi congédia les scribes.

– Mes amis, dit-il à ses proches conseillers. J'avoue que ce siège m'a épuisé. Je préfère combattre qu'attendre. Je ressemble à Thoutmosis Ier. Seule l'action m'intéresse. Vous avez fait une remarque qui m'a intrigué. Pourquoi êtes-vous convaincus que je ne rentrerai pas à Thèbes ?

– Tu nous en as parlé plusieurs fois avec raison, répondit Rekhmirê. Quelle erreur nous ferions si nous ne marchions pas vers le nord pour mater l'ennemi et nous assurer que tout danger est écarté.

– Je compte, en effet, progresser jusqu'à Tyr. Pour ce faire, je vais dédoubler notre armée. Nous ne prendrons pas ainsi le risque de la perdre dans sa totalité. Au cas où nous rencontrerions une difficulté, l'autre partie de l'armée continuera sa route vers Tyr. Amenmen la commandera.

– As-tu déjà réfléchi au parcours que tu voulais suivre ?

– La longueur du siège m'a permis d'y penser, d'évaluer les différentes pistes possibles. Je me diri-

Le rival d'Hatchepsout

gerai moi-même vers Nazareth tandis qu'Amenmen progressera à l'est. Si nous parvenons sans encombre au port de Tyr, nous retrouverons là des alliés puissants et sincères.

– Je suis persuadé que toutes les villes se livreront à Pharaon, assura Rekhmirê.

– Après une telle victoire, le contraire m'étonnerait, en effet, répondit le roi. Voilà pourquoi je compte bénéficier des avantages de nos exploits.

– Les soldats y prendront des butins intéressants.

– Ils l'ont bien mérité !

– Je te connais depuis des années, Thoutmosis. Tu me sembles inquiet. Qu'est-ce qui te préoccupe ?

– Je voudrais avoir des nouvelles de Thèbes. Le vizir gère-t-il correctement les affaires de l'État en mon absence ?

– Tu as pris une sage décision. Ne perdons plus de temps pour atteindre Tyr. Reprenons la route dès demain matin. Je vais donner des ordres pour que le butin soit placé sur les chars et que les prisonniers nous suivent sans réticence. Entendre leurs plaintes ou leurs pleurs nous ferait perdre un temps précieux.

– Amon me commande de partir. Plus vite nous gagnerons Tyr, plus vite nous serons de retour à Thèbes. Je ne souhaite pas m'absenter plus d'une an de la capitale égyptienne.

– Tu n'oublies sans doute pas que les fonctionnaires honoraient autrefois Hatchepsout…

– En effet, Rekhmirê. Imagine que la reine ne soit pas morte et qu'elle tente de reprendre le pouvoir ? Avec le grand prêtre de Karnak, il lui serait possible

Thoutmosis

de chasser Méryrêt et de reprendre la direction de l'Égypte !

– Son cocher s'est pourtant montré régulier... Il t'a sauvé la vie.

– Je sais mais que pouvait-il faire d'autre ?

– Ne te tourmente pas sans raison, dit Menkheperrêsen. Faisons face aux problèmes existants sans nous préoccuper d'éventuels contretemps. Je te conseille de te concentrer sur la suite de notre campagne.

– Par les dieux de la guerre, je me réjouis de vous avoir auprès de moi. À nous tous, nous renverserions les montagnes des étrangers !

XXIII

Méryrêt apprit avec stupeur la fuite de Kertari.

– Elle ne réside plus au harem du Fayoum ? Mais comment est-ce possible ? Quand s'est-elle enfuie ? Où peut-elle se trouver ?

– Je n'ai aucune information, répondit le scribe en redoutant le pire. Je suis envoyé pour te prévenir.

– Je n'ai jamais entendu pareille aberration ! Toutes les femmes souhaitent intégrer le harem du Fayoum. Toutes ! De mémoire d'homme, personne n'a jamais connu une situation semblable à celle-ci !

– Veux-tu me dicter une réponse ? demanda timidement le scribe.

– Bien sûr, par Hathor ! Mon message sera extrêmement court. Il faut retrouver cette fille ! Je punirai ceux qui ont manqué à leur devoir !

Espérant retrouver Kertari, les responsables du harem du Fayoum avaient tardé à prévenir la reine. Aussi les mois avaient-ils passé sans qu'elle ne fût informée. Après ces recherches infructueuses, personne n'espérait plus revoir la jeune fille.

– Quand est-elle partie ? demanda précisément Méryrêt.

Thoutmosis

– Nous n'en savons rien… répondit le scribe.

– A-t-elle reçu une visite ?

– Oui. Un messager du roi…

– Un messager du roi ?

– Il s'est entretenu avec Kertari. Le lendemain, la jeune fille avait disparu.

– Voilà une piste intéressante, dit la reine. Je commence à comprendre. Kertari sera sans doute plus facile à retrouver que vous ne le pensez…

– Que veux-tu dire, Grande Épouse royale ?

– Rien. Retourne au Fayoum et dis à tous les responsables que je ne sévirai pas si Pharaon a donné à Kertari l'ordre de quitter le harem. Sinon, ma vengeance sera terrible !

Comme le scribe se retirait, la reine s'interrogea sur les stupéfiants messages du roi. « Jamais encore il n'avait réclamé d'autres femmes pendant une campagne. Seuls l'occupent alors ses plans de bataille. J'ai hâte de le revoir pour l'interroger. »

Méryrêt-Hatchepsout n'eut guère le temps de se poser des questions. Quelques jours plus tard Kertari arriva en grande pompe au palais. Elle était superbement escortée. Ses chevaux, hauts sur pattes et peignés avec soin, tiraient son char en or, plus rutilant que celui du roi.

Dès qu'elle pénétra dans la cour du palais, les domestiques se précipitèrent pour l'aider à descendre.

– Que signifie ce luxe ? demanda la reine en venant elle-même constater ce qu'on lui rapportait. Tu circules dans un char plus beau que celui de

278

Le rival d'Hatchepsout

Pharaon ! D'où viens-tu ? Nous te cherchons depuis des mois ! Pourquoi as-tu quitté le Fayoum sans ma permission ?

Kertari se jeta à ses pieds pour implorer son pardon.

– Reine bien-aîmée et respectée, ne crois pas que j'aurais agi sans un message du roi tout-puissant Thoutmosis III. Son porteur de dépêches est venu me rendre visite au Fayoum. Je devais tout de suite rejoindre le roi dans le désert aux portes de Meggido.

– Pour quelle raison ?

– Pharaon n'avait pas assez de femmes...

– J'ai cru le comprendre.

– Je ne suis pas partie seule. J'accompagnais quelques femmes du harem thébain...

– Je crois deviner comment les choses se sont passées. Si je remets la main sur ce fameux message adressé à la responsable du harem thébain, cette vieille insolente nourrira bientôt les crocodiles !

– Sois indulgente, vénérable reine. Il n'est pas facile de désobéir à Pharaon...

– Tu as raison. Mais explique-moi comment tu peux voyager dans un tel véhicule ! Où l'as-tu trouvé ?

– J'apporte de bonnes nouvelles de Meggido, s'empressa de répondre Kertari. Le roi a pris la ville. Les prisonniers lui ont donné des chars et des vivres. Voilà l'un de leurs véhicules. D'autres, plus magnifiques encore, sont destinés au temple d'Amon.

– Le roi est-il sain et sauf ?

Thoutmosis

– Oui. Il avance rapidement vers Tyr.

– Quand rentrera-t-il à Thèbes ?

– Il a l'intention de revenir juste après ce voyage.

– Bien, tu peux te relever, dit la reine, décontenancée. Tu me parais sincère. J'aurais pourtant voulu être informée de ton départ. Je vais attendre le retour du roi pour agir.

Comme Kertari se relevait avec difficulté, la reine aperçut ses formes arrondies sous sa tunique fine.

– Dis-moi, Kertari, aurais-tu grossi pendant ce voyage ? La chaleur aurait pourtant dû accroître ta maigreur. Tes joues sont plus rondes et ton corps plus plein que lorsque tu es partie.

Kertari ne put dissimuler son état.

– J'attends un enfant, répondit-elle devant les servantes attentives à la moindre de ses paroles.

– Un enfant de Pharaon ? demanda la reine avec angoisse. Ce ne sera jamais qu'un enfant de plus dans ce harem ! Qu'il se porte bien !

Elle s'exprimait avec une apparente bonté, les traits détendus mais son cœur et ses tempes battaient vite. Elle lança à Kertari un regard perçant qui foudroya la jeune fille.

– Fais attention à toi, ajouta Méryrêt comme une menace.

*

* *

Le rival d'Hatchepsout

Thoutmosis III continuait sa progression vers le nord-est de l'Égypte. Son armée dédoublée n'avait rencontré aucun obstacle. Tous les villages où il s'arrêtait ouvraient spontanément leurs portes aux soldats égyptiens. Les habitants offraient leurs services et leurs biens.

– Nous avons plus d'armes qu'il ne nous en faut, dit Rekhmirê en comptant avec le scribe les boucliers que venaient de leur donner les habitants de Nazareth. Si Amenmen en rapporte autant, nos chars seront plus encombrés par les armes que par les vivres.

– Nous demanderons de la nourriture aux villageois de Galilée. Fais venir le fonctionnaire du roi mitannien qui nous sert d'interprète.

– Je sais lire l'écriture en cunéiformes mais j'ai du mal à comprendre les Mitanniens lorsqu'ils s'expriment devant moi. Leur accent est rude. Ils parlent parfois si vite que je ne comprends même pas l'objet de leur discours. Je veux m'assurer qu'ils sont décidés à se plier à mes volontés et qu'aucun d'eux ne fomentera une mutinerie.

Rekhmirê rejoignit le bout du cortège et ramena un Mitannien obéissant et docile du nom d'Ishtariou.

– Toi dont le nom évoque la déesse de la lune et des ténèbres mais qui illumine mes pensées et rend clair le discours de mes prisonniers, dis-moi très exactement, dans ma langue, si les ennemis de l'Égypte se sont enfin adaptés à la situation et s'ils comptent nous suivre sans difficultés jusqu'à Thèbes.

Thoutmosis

Le pharaon l'arrêta de la main au moment où il allait parler.

– Je veux une réponse courte et précise. Ne pars pas dans de grands développements comme savent le faire les penseurs de vos régions. Attention à ne pas tromper Amon ! Car il se vengerait.

Ces paroles ne semblèrent pas impressionner Ishtariou qui répondit avec son calme habituel. Ses grands yeux clairs fixaient le roi d'une manière étonnante comme un devin en train de prophétiser. Thoutmosis III en était troublé, voyant en lui un homme protégé des dieux.

– Je ne vais pas te tenir le même discours que les astrologues ou les géographes qui reviennent de périples fantastiques et qui racontent des légendes. Je n'ai entendu aucune parole désagréable à ton encontre. Au contraire, mes amis sont presque soulagés d'être tombés entre les mains d'un roi juste et fier.

– Ils m'en voudront toujours de les avoir arrachés à leur pays…

– Peut-être pas. Certains possédaient des champs et des biens. Ils les regrettent et se lamentent sans toutefois t'en tenir rigueur. D'autres n'avaient rien ; ils espèrent obtenir des parcelles de terre égyptienne à cultiver.

– Je le leur ai promis.

– Ils te remercient surtout de ne pas les avoir séparés de leur famille.

– Je ne l'ai jamais fait pas plus que mes illustres ancêtres. J'ai lu les archives de mon grand-père Thoutmosis Ier. Il se montrait honnête et bon.

282

Le rival d'Hatchepsout

Le roi insista de nouveau.

– Tu affirmes donc que tu n'as pas constaté le moindre mouvement d'humeur dans les rangs des prisonniers...

– C'est un fait. Si les prisonniers du Tout-Puissant préparent un complot ou une rébellion, je ne suis pas informé.

– Tu as les oreilles perpétuellement ouvertes et l'œil plus vif que le loup. Si le plus infime danger me menaçait, tu le saurais.

– Sans doute.

Comme le Mitannien saluait le roi pour prendre congé, Thoutmosis lui posa une question qui lui brûlait les lèvres depuis le jour où il avait entendu Ishtariou parler si correctement l'égyptien.

– Rares sont les Mitanniens qui parlent couramment notre langue et qui connaissent les hiéroglyphes. J'ai remarqué que tu pouvais écrire dans une langue aussi pure que celle des prêtres et des scribes égyptiens.

– Je m'y applique, répondit Ishtariou.

– Voilà qui est étrange.

– J'ai fait des études pour devenir scribe. Mon père affirmait que c'était le plus beau métier, qu'il fallait éviter les carrières militaires peu distinguées et les métiers artisanaux qui n'entraînaient pas le respect.

– Certains artistes sont remarquables ! Les artisans qui peignent les murs des tombes royales de Thèbes sont connus dans toute l'Égypte ! Mais je reconnais dans ton discours les idées traditionnelles des Égyptiens. Or, tu habites le Mitanni. Serais-tu venu vivre en Égypte ?

283

Thoutmosis

– Grand Pharaon, mon regretté père était Égyptien. Il avait travaillé pour ton ancêtre, Pharaon Thoumotsis Ier.

– Comment as-tu pu naître au Mitanni ?

– Mon père a quitté son pays et est entré au service du roi du Mitanni sous le règne de la vénérable Hatchepsout.

– Quel drôle de destin ! Les fonctionnaires en poste à Thèbes ne quitteraient leur ville pour rien au monde. Pourquoi ton père s'est-il rendu chez l'ennemi de l'Égypte au risque d'y perdre la vie ? A-t-il été fait prisonnier pendant les campagnes de mon grand-père ?

– Non. Tu oublies que sous la reine Hatchepsout les Égyptiens vivaient en paix. La reine recevait les ambassadeurs de tous les pays et entretenait d'aussi bons rapports avec les alliés de l'Égypte qu'avec ses adversaires. Mon père, scribe du roi mitannien, a écrit de belles lettres à Hatchepsout.

– Les lui a-t-il portées lui-même ?

– Je ne saurais le dire...

– N'est-il jamais revenu vivre en Égypte ?

– Il n'en a pas eu le temps, hélas ! Ma mère m'a raconté que tous deux le souhaitaient. Mais mon père a commis une faute impardonnable.

– Laquelle ? s'étonna le roi. Cet homme me semblait instruit et intelligent.

– Il l'était. Malheureusement, lorsque le roi du Mitanni lui a demandé d'évaluer les forces de l'armée d'Hatchepsout, mon père s'est trompé. Le roi du Mitanni qui souhaitait combattre de nouveau les Égyptiens a subi une terrible défaite. Il lui a

Le rival d'Hatchepsout

fallu se replier précipitamment vers l'Est. Je crois qu'il n'a jamais pardonné cette erreur à mon père. Après cet incident, il le harcelait. Il prétendait que mon père n'était qu'un traître. Comme il cherchait à fuir avec un ami, l'armée mitannienne les a rattrapés. Le roi les a condamnés à mort.

– Un ami ? Un Égyptien ?

– Oui. Amenpafer, l'un de ses fils, accompagne ce cortège. Il est beaucoup plus jeune que moi.

– Et lui aussi connaît l'égyptien ?

– Parfaitement. Nous remercions les dieux de pouvoir enfin connaître ce pays dont nous ont parlé si souvent nos pères.

– Ta mère est avec toi ?

– Non. Elle a rejoint l'Au-Delà et brille parmi les étoiles. Ses cheveux longs et noirs ressemblaient à la nuit. Ses yeux lumineux et vifs représentaient les astres. Quand elle se mettait en colère, tous ses traits s'animaient. Mon père la laissait parler et se plaindre tandis que l'eau de la clepsydre n'en finissait plus de couler.

Thoutmosis III éclata de rire.

– Voilà le lot des hommes ! Mais dis-moi comment s'appelait ton père ?

– Son nom ne te dira rien.

Comme Pharaon s'étonnait que l'Égyptien n'eût pas regagné l'Égypte à la disparition de ses parents, Ishtariou lui expliqua qu'il avait vécu auprès de Thémis, la mère de son ami Amenpafer, dans la joie et la culture.

– C'est une femme très douce et très belle. Elle envoûte tous ceux qui l'approchent. C'est une

Thoutmosis

ancienne princesse du Mitanni. Elle fut autrefois une favorite du pharaon Thoutmosis Ier.

– Tu en parles comme si tu l'aimais. Tes yeux brillent et ton admiration pour elle est bouleversante.

– Mais je l'aime ! Elle a été si bonne avec moi ! Quel chagrin elle a éprouvé à la mort de son époux !

– Tu m'as parfaitement compris, Ishtariou. Tes pupilles ne se dilatent pas comme lorsqu'on évoque Hathor et la maternité mais comme celles d'un adolescent amoureux.

Ishtariou rougit.

– Je ne pourrai jamais considérer Thémis autrement que comme une amie qui a pris soin de moi.

– Elle se trouve donc dans ce cortège.

– Oui.

– Et tu prétends qu'elle fut autrefois aimée de mon grand-père.

– Je l'affirme ! Elle a fait partie du harem. Quand Thoutmosis Ier s'en est lassé, il lui a donné des terres. Son époux travaillait, lui aussi, pour Pharaon.

Curieux, Thoutmosis fit venir la vieille femme dont le teint clair et la longue chevelure noire le séduisirent aussitôt. Il se demandait comment Hathor et Isis avaient pu préserver Thémis de la vieillesse. Ses traits ne ressemblaient pas à ceux des femmes de son âge. « Elle doit pourtant être très âgée, se dit Thoutmosis III. »

– Monte dans mon char, Thémis.

La vieille femme le regarda étonnée et accepta l'aide du cocher.

Le rival d'Hatchepsout

– Je ne suis qu'une prisonnière.

– On peut le considérer ainsi. Mais je viens d'apprendre que tu as été une favorite de mon grand-père et que tu as illuminé de ta beauté le harem de Thoutmosis Ier.

– Je le confirme, répondit Thémis.

– Tu devais alors être très jeune car Hatchepsout a osé accaparer le pouvoir pendant vingt-deux ans.

– Ton illustre grand-père appréciait les jeunes filles. Thoutmosis III éclata de rire.

– Ma nourrice déclare que nous sommes tous faits dans le même moule !

Le roi admira les yeux immenses de Thémis. Elle lui faisait penser à la déesse lunaire. Quand elle secouait ses cheveux aux reflets bleutés, son cou long et gracieux avait un mouvement souple du plus bel effet.

– Tu as dû troubler mon grand-père, reconnut Thoutmosis III. Car je te trouve encore très séduisante. Beaucoup de femmes, plus jeunes que toi, doivent envier ta séduction et ton charme. Tu sens merveilleusement bon. Tes gestes sont plus harmonieux que ceux des danseuses.

– Si tu voyais ma fille, tu n'oserais pas parler ainsi.

– Sans doute est-elle aussi belle que toi.

– Mais elle possède encore la jeunesse.

– Est-elle ici ?

– Non, mentit Thémis. Elle ne se trouvait pas à Meggido lorsque tu t'es emparé de la ville.

Le roi allait lui demander ce qu'elle y faisait elle-même quand Rekhmirê vint lui apprendre qu'ils arrivaient à Tyr.

287

Thoutmosis

– Nous allons rejoindre l'armée d'Amennen ! dit-il. Tout s'est passé au mieux grâce aux dieux. Tu es de nouveau le maître absolu de cette région !

Thémis se retira. Pharaon se redressa. Conduisant le long cortège, il entrait en vainqueur dans la ville. Il avait en tête les chiffres que les scribes lui avaient donnés. Il avait acquis près de cinq mille prisonniers, deux cents chevaux, vingt-cinq mille bêtes, plus de mille chars et autant d'arcs. Derrière lui suivaient des chars pleins d'or, d'argent, de vaisselles ornées de pierres précieuses, d'objets ciselés, de vases en bronze, de tables basses en ivoire, de tabourets en bois de santal.

– Je vais répartir ces terres, les transformer en champs, récolter l'orge, rapporter en Égypte toutes les céréales dont nous pourrions avoir besoin. On trouve ici des objets précieux dont je veux garder le contrôle. Jamais je ne laisserai le roi du Mitanni mettre la main sur de telles richesses.

Le pharaon parlait pour lui-même. Seul le cocher Pathmès pouvait entendre ses paroles.

– Que penses-tu de notre butin ? lui demanda le roi.

– Il est aussi important que celui ramené autrefois de Nubie par la reine Hatchepsout.

– Aussi important ? Mais il est incomparable !

– Comment le sais-tu ? Tu n'étais pas né lorsque la reine combattait. Ton père Thoutmosis II tentait d'éviter l'affrontement. Seule Hatchepsout tirait de l'arc au premier rang !

Le rival d'Hatchepsout

– Quelle insolence ! Faudra-t-il que je te fasse couper la langue pour ne plus t'entendre ?

– Je ne voudrais pas gâcher le plaisir de ta victoire, répondit Pathmès.

– Ishtariou !

Le jeune homme qui chevauchait, les mains liées, juste derrière le char royal en attendant les ordres du roi, donna un coup de talon dans les flancs de l'animal afin de le faire avancer.

– Tu ne m'as pas parlé de la fille de Thémis… dit-il. Sa mère prétend qu'elle suit le cortège.

– En effet, répondit Ishtariou.

– Thémis est maligne, murmura Pharaon mais pas assez pour le roi d'Égypte. Je rencontrerai cette beauté dès ce soir. Qu'on détache Ishtariou ! cria-t-il à un soldat. Je le prends pour conseiller !

Troisième partie

XXIV

Impatient de retrouver sous sa tente la fille de Thémis, le roi expédia les affaires courantes. Il confia à Menkheperrêsen la tâche de surveiller les récoltes et de répartir les terres non cultivées aux paysans.

– Ils travailleront pour nous. Confie-leur des lots égaux. Bien que je veuille repartir le plus tôt possible pour Thèbes, je compte y rapporter des sacs de céréales pour contenter mon peuple. Qu'on ne me dérange plus !

Cinq jeunes Égyptiens, le torse nu et les hanches ceintes d'un pagne plissé, étendirent des tapis épais sur le sol.

– Mettez-les les uns sur les autres, recommanda le roi. J'aime manger en étant confortablement étendu.

Tous les cinq déplièrent ensuite des tables en bois de santal devant le roi et les garnirent de corbeilles remplies de larges galettes. Assis en tailleur devant la tente, les boulangers manipulaient la pâte à pleines mains. Ils la malaxaient, en faisaient des boules, la pétrissaient, la roulaient entre leurs doigts. Ils l'étalaient alors sur une plaque chauffée

Thoutmosis

au soleil et la cuisaient d'un côté puis de l'autre, laissant la pâte noircir légèrement.

— Dites aux boulangers de se placer un peu plus loin, dit Thoutmosis III. Je sens d'ici la chaleur qui se dégage de ces plaques qui attirent toute la journée les rayons du soleil. Apportez-moi les premières galettes. Ce voyage m'a ouvert l'appétit !

Les serviteurs remplirent deux coupes en argent d'un vin grec réputé.

— Donnez-moi aussi de la bière ! Je me demande quels plats ont préparés les bouchers.

Thémis se fit annoncer. Elle voulait elle-même présenter sa fille au pharaon.

— N'as-tu rien à ajouter, belle Thémis ? demanda Thoutmosis III en fronçant les sourcils.

— Je crois bien que la déesse du mensonge m'a incitée à camoufler la vérité.

— Je pense que tu n'as pas besoin de l'intervention des divinités pour agir ainsi, répondit le roi. Tu sais combien il est grave de mentir à Pharaon...

— Oui. Mais je connais son immense sagesse.

— Tu es habile. Laisse-nous maintenant et n'aie crainte. Ta fille sera bien traitée. Comment s'appelle-t-elle ?

— Sheribu.

Intimidée par le luxe de la tente du roi, Sheribu ne savait comment se comporter.

— J'avais l'habitude de me prosterner devant le roi de notre pays, dit-elle à Pharaon. Vos coutumes sont-elles les mêmes que les nôtres ?

— Selon la volonté d'Amon, répondit le roi. Viens plutôt t'installer sur ces tapis et goûte ces galettes.

294

Le rival d'Hatchepsout

Le roi admira sa chevelure aussi volumineuse et brillante que celle de sa mère et sa robe moulante. Quand elle s'étendit, il devina la forme de ses jambes élancées et de sa poitrine menue. Seules ses chevilles fines, dorées par le soleil, et ses pieds chaussés de sandales grossières en cuir apparaissaient.

Le roi claqua dans ses doigts.

– Mets plutôt ces sandales aux lanières étroites, dit le roi. Elles ne te blesseront pas les pieds.

– Je suis habituée à porter du cuir, répondit Sheribu avec un accent très marqué qui tranchait avec l'élégance de ses traits. Mes chaussures se sont faites. J'ai longuement marché derrière tes fantassins. Avancer dans le sable brûle les pieds et échauffe les talons.

Le roi se sentit gêné.

– C'est le lot de tous les prisonniers, répondit-il. Si j'avais su qu'une telle beauté se trouvait parmi eux, je t'aurais épargnée... Ne t'a-t-on pas donné de mules ?

– Je préférais encore marcher ! Les mules sont tellement inconfortables. Elles glissent dans le sable, nous obligent à rechercher sans cesse notre équilibre. Cet exercice est également douloureux...

Sheribu s'interrompit en prenant conscience des détails déplacés qu'elle avait abordés.

– Je ne veux en aucun cas être favorisée, ajouta-t-elle fièrement.

– Bien, dit le roi. Mais tu n'es guère en position d'imposer tes volontés...

Thoutmosis

– Ma vie m'appartient. Je préfère mourir plutôt que de céder.

Pharaon fut intrigué par ce caractère, semblable à celui de sa mère.

– Thémis devait être comme toi lorsqu'elle était plus jeune, dit-il. Allons ! bois ! Qu'on nous apporte les morceaux de mouton et les accompagnements !

Deux servantes placèrent des cônes de parfum sur la tête de Sheribu et lui lavèrent les mains.

– Quelle délicieuse odeur ! dit Sheribu en retrouvant le sourire. J'aime ce vin mais je ne suis guère habituée à boire...

Après le mouton, les cuisiniers apportèrent des cailles farcies. Sheribu se laissa bientôt aller à plus de liberté. Elle riait joyeusement, découvrant ses dents, petites et blanches, parfaites comme le reste de son visage.

Le roi, lui aussi, se prit à plaisanter et à raconter des histoires drôles.

– Es-tu contente de connaître l'Égypte ? lui demanda-t-il en lui caressant le bras.

– Mes parents m'en ont longuement parlé. J'aimais vivre au Mitanni.

– On raconte que ton peuple souffrait de la sécheresse et que les deux fleuves entraînaient de redoutables inondations... Le Nil est plus hospitalier.

– Quand on vit dans un pays, on s'y fait. Devant moi s'ouvre l'inconnu.

– Tu as pourtant entendu parler de nos fastueux palais...

Le rival d'Hatchepsout

– Par Ishtar, tout le monde les envie ! Mais je ne vivrai pas au palais. Je ne serai qu'une captive enfermée dans un cachot.

– N'as-tu pas entendu mes paroles ? Aucun d'entre vous ne sera enfermé. Je vous donnerai des terres. Vous les cultiverez pour le dieu, pour Pharaon et pour vous-même. Quant à toi...

Sheribu leva vers lui des yeux effrayés.

– N'aie crainte. Je ne te veux aucun mal. Tu feras partie du harem royal...

– Je serai donc séparée de ma chère mère.

– Je ne peux prendre Thémis dans le harem. Elle est trop âgée. Mais elle pourra te rendre visite chaque jour. Elle habitera tout près du palais. Le roi du Mitanni n'avait-il pas de harem ?

– Si. Mais nous n'avions pas le droit d'y aller. Ces endroits restent pour moi très mystérieux.

– Fais-moi confiance. Toutes les femmes y sont heureuses. Je viendrai t'y voir souvent car tu me plais.

– Je te crois, Pharaon tout-puissant. Ton regard est franc et ta voix amicale.

Elle s'abandonna à la main du roi qui effleurait sa joue comme s'il n'osait la toucher.

– Je n'ai jamais vu une femme plus belle que toi, dit-il, ébloui.

*
* *

Les Égyptiens se rassemblaient le long du Nil en apprenant le retour du roi. Du nord de l'Égypte à

Thoutmosis

Thèbes, les rives étaient animées par les chants des femmes, les appels des enfants et les saluts des paysans. Ils avaient tous été informés que le roi avait repoussé tout danger et qu'il rapportait des trésors.

Le cortège fit une halte près de Memphis après dix jours de voyage. Le roi reçut de nombreux présents. Les rues de la ville furent recouvertes de fleurs. Sheribu qui avait pris l'habitude de recevoir le roi chaque soir et qui avait peu à peu acquis de l'assurance admirait la tenue des femmes.

– Je t'offrirai des colliers plus beaux que ceux-ci, lui promit-il. Mais tu es plus charmeuse qu'elles, même sans bijoux.

Plus l'armée se rapprochait de Thèbes, plus le cœur de Sheribu battait dans sa poitrine. Elle avait hâte de voir la ville magique, la cité dont elle avait entendu maintes fois parler.

Au matin du quinzième jour, les navires arrivèrent enfin aux abords de la capitale égyptienne. Le roi ne revit pas sans émotion les piliers du temple de Karnak. Il chercha des yeux les obélisques dont il avait demandé la réalisation.

– Rekhmirê, vois-tu ces aiguilles élancées qui devraient toucher le ciel ?

– Non mais je connais Djéhouty. Il a promis de s'en occuper. Il est si long de tailler ces monuments dans la pierre d'Assouan ! C'est un travail épuisant sous la chaleur. La poussière qui se dégage des chantiers encrasse la gorge des tailleurs de pierre. Laisse-leur le temps de réaliser cette œuvre au mieux. Rappelle-toi ce qui est arrivé autrefois.

298

Le rival d'Hatchepsout

Hatchepsout souhaitait des obélisques plus grands encore que ceux qu'elle a réussi à faire ériger. Les ouvriers se sont hâtés pour lui offrir ces splendeurs à l'occasion de son jubilé. Mais la pierre s'est fendue et les monuments ont dû être abandonnés sur place. L'architecte Amenhotep s'en occupait pourtant personnellement.

– Tu as raison. Tu estimes donc que j'aurais tort de hâter Djéhouty ?

– Si la pierre se fend, il devra recommencer le travail. Tu perdras plus de temps encore. Aie confiance en lui. Il est parti avec le brillant architecte et Second Prophète d'Amon, Poumrê.

Le mouvement d'humeur du roi ne lui échappa pas.

– Par les dieux, je sais ce que tu vas me rétorquer. Poumrê a travaillé, lui aussi, pour Hatchepsout mais il s'est vite détourné d'elle pour te servir !

Les yeux de Thoutmosis III lancèrent des éclairs en distinguant la pointe dorée de l'obélisque d'Hatchepsout qui dépassait légèrement les pylônes du temple.

– Cet électrum brille comme un phare. On le devine de si loin qu'il rappelle à tous le souvenir de la reine. Je n'aurai l'esprit en paix que lorsqu'il sera abattu et que le mien dominera le temple.

– Djéhouty ne t'a-t-il donc pas expliqué qu'il serait périlleux de détruire ce monument ? On risquerait d'endommager une partie du temple. Certaines salles ont été construites si près de l'obélisque…

– Dis plutôt qu'Hatchepsout a réussi à le glisser au bon endroit ! Juste devant le sanctuaire de Mout…

299

Thoutmosis

Je n'apprécie guère cet édifice trop moderne. Je le ferai rebâtir.

Comme Sheribu admirait le temple sans mesure, le roi lui demanda de modérer ses élans.

– Tu auras le privilège de voir ce que le pharaon en fera d'ici quelques années, dit-il. Ce temple n'est pas digne du dieu Amon.

– Je le trouve pourtant magnifique, répondit Sheribu en suivant des yeux les piliers qui défilaient maintenant devant eux tandis que les navires glissaient tranquillement sur l'eau grise du Nil.

Le roi lui montra aussi le temple de Louxor relié au précédent par le dromos, allée bordée de sphinx.

– Lui aussi mérite d'être embelli. Pharaon y pourvoira.

– Mon ami, dit Rekhmirê en entraînant le pharaon à l'écart, puis-je te soumettre mon idée ?

Thoutmosis III le suivit à l'avant du bateau.

– Écoute-moi sans te mettre en colère. J'agis pour ton bien. Tu viens de t'imposer définitivement sur le trône d'Égypte. Dans quelques jours, tous les Égyptiens fêteront ta victoire. Combattre le Retenou impressionne toujours les Égyptiens. Ils en ont tous oublié l'existence d'Hatchepsout qui n'aurait jamais pu réaliser un tel exploit. Montre-toi magnanime et tu y gagneras en grandeur et en majesté. Respecte les coutumes de tes ancêtres. Tu sais combien je suis attaché à l'histoire des Anciens. Perpétue-la dignement. Ne te venge pas misérablement sur une femme qui a disparu alors que tu effaceras son souvenir par tes réussites guerrières. Tu viens juste de prendre le pouvoir et tu reviens en

Le rival d'Hatchepsout

vainqueur incontesté. De belles années s'ouvrent devant toi. Elles t'apporteront d'autres victoires qui te permettront d'entrer dans la postérité. Les hommes se souviendront toujours de toi. Ils liront tes exploits sur les murs.

– Que me proposes-tu de faire ? demanda le roi, sceptique.

– Cesse de détruire ce que la reine Hatchepsout a fait ériger. Ordonne, au contraire, l'achèvement des travaux qu'elle avait entrepris, des temples qu'elle faisait construire en Nubie où tu as toi-même fait aménager une forteresse. Restaure son temple de Bouhen et ceux de Satis et de Khnoum. Ce n'est pas Hatchepsout qui a commencé à transformer le temple de Karnak mais Thoutmosis Ier. Son architecte Iméni a accompli ses ordres. Tu poursuivras donc l'œuvre de ton grand-père en embellissant Karnak sans détruire les monuments qui le parent. Fais entretenir les bâtiments de Deir el-Bahari et de Medinet Habou même s'ils rappellent le règne d'Hatchepsout. Qu'elle soit vénérée sur son temple comme elle honora elle-même son père Thoutmosis Ier. Veille aussi à agrandir le temple d'Armant qu'elle a consacré à Montou.

– Dans le village de Senmout, son amant ambitieux qui m'aurait fait assassiner pour me prendre le pouvoir ! Je le hais plus que ma tante !

– Tu ne réagis pas comme un grand Pharaon victorieux et incomparable mais comme un vulgaire Égyptien. Voilà qui n'est pas digne de tes prouesses. Écoute-moi... Hatchepsout a fait bâtir des sanctuaires en Moyenne-Égypte pour honorer la déesse

Thoutmosis

Pakhet et des temples rupestres à Qasr Ibrim et au Gebel el-Silsileh. Le sanctuaire de Pakhet est resté inachevé. Ordonne à Poumrê d'en assurer l'ornementation dès qu'il reviendra d'Assouan. Va visiter la chapelle d'Hathor de Faras. Tu construiras toi-même à Bouhen, à Faras, à Armant, à Esna, à Denderah, à Héliopolis, où sais-je encore ?

— Tu me demandes là un bien grand sacrifice.

— N'as-tu pas compris les avantages que tu pouvais tirer d'un tel comportement quand tu as finalement accepté les dernières volontés d'Hatchepsout ? Grâce à toi, elle reposera près de son père Thoutmosis Ier comme elle le souhaitait.

— N'est-ce pas un moyen de renforcer une légitimité que je conteste à raison ? Laisse-moi du temps. Je dois réfléchir à tes sages paroles.

— Voilà sans doute le palais, dit Sheribu en venant rejoindre le roi avec une audace qui révolta Rekhmirê.

— En effet, répondit Thoutmosis III, ébranlé par les propos de son ami.

Il lui faudrait donc poursuivre la construction des pylônes de Karnak sans détruire ceux d'Hatchepsout... N'avaient-ils pas fait aménager près du temple un jardin agréable aux plantes rares ? N'avaient-ils pas envoyé ensemble des expéditions au Sinaï ?

XXV

Le roi se tut. Il écouta les exclamations des Thébains et se grisa bientôt de leurs clameurs montantes.

– Accostons ! dit-il aux marins qui dirigeaient le bâteau et rabaissaient la voile. Vous auriez dû plier cette voile avant. Nous aurions progressé plus vite.

– Mais il n'y avait pas de vent, Majesté, répondit le pilote qui tenait le gouvernail.

– Notre parcours a pourtant été long.

Les prisonniers tenaient les yeux baissés de crainte d'être hués par les Égyptiens. Ils craignaient aussi de recevoir des projectiles. Le roi les fit descendre en dernier et ordonna aux gardes de les protéger. Seule Sheribu descendit avec les proches de Pharaon.

La reine Meryrêt, entourée de ses gardes, attendait son époux, une couronne rutilante sur la tête. Elle distingua tout de suite la belle Sheribu qui avançait non loin du roi et fut piquée au vif. « Il ramène encore une de ces prisonnières qu'il aime fréquenter. Quand les tiendra-t-il à distance ? Ne comprend-il pas qu'elles menacent son pouvoir ? » Mais elle fit bonne contenance.

Thoutmosis

Les femmes du harem s'étaient également réunies pour recevoir Pharaon. Kertari comprit, elle aussi, la place que Sheribu allait tenir au palais. Elle n'avait pas, toutefois, la même maîtrise d'elle-même que la reine. Ne parvenant pas à détacher son regard de la jeune femme qui marchait avec la grâce et la légèreté d'une gazelle, les cheveux caressant ses reins et le port altier, elle aurait donné sa vie pour connaître les sentiments que le roi éprouvait pour cette prisonnière traitée comme une princesse.

Le visage de Thoutmosis III s'illumina en voyant Kertari. Derrière elle, une suivante portait un enfant dans ses bras. « Mon fils ! se dit-il sans envisager que le sexe de l'enfant pût être différent. » Il adressa un sourire radieux à la jeune fille dont il trouva les traits étonnamment tristes. « La maternité l'a fatiguée. Elle retrouvera bientôt ses pommettes roses et son teint de lis. Je n'aime guère les femmes quand elles attendent un enfant. Elles sont facilement irritables. Leur peau semble se faner d'un seul coup après l'accouchement. Elles prennent quelques rondeurs qui leur font gagner dix ans. Kertari est si jeune qu'elle retrouvera vite sa fraîcheur. »

Cet échange de regards n'échappa pas à la reine Méryrêt qui s'amusa de la jalousie naissante de Kertari. « Elle va enfin comprendre ce qu'elle me fait endurer. Les femmes du harem ne sont pas tendres entre elles. Il lui sera difficile de lutter avec cette belle femme que Thoutmosis III ramène d'on ne sait où. »

Le rival d'Hatchepsout

Assis sur son trône placé sur une estrade élevée et surmontée d'un dais, Thoutmosis III fit défiler ses prisonniers. Comme à l'accoutumée, il répartit les richesses qu'il rapportait entre le grand prêtre Hapousneb et le trésorier du palais. Puis il décida de préparer son triomphe.

— Je suis dans ma vingt-troisième année de règne si je compte, comme nous l'avons toujours fait, les années de règne d'Hatchepsout l'usurpatrice. Je remporterai d'autres victoires mais je veux déjà célébrer celle-ci comme il se doit. Une grande fête aura lieu en l'honneur d'Amon. Ce sera aussi la fête du Pharaon et de son dieu. Toutes les fois qu'Amon m'accordera un victoire, nous la célébrerons.

Hapousneb, qui n'avait pas encore parlé, s'avança devant le roi qu'il salua. Son crâne rasé luisait sous la lumière ardente. Son visage paraissait impassible.

— Je t'écoute, grand prêtre, dit Thoutmosis III.

— Tu as honoré Amon avec de grandes richesses. Combien de temps dureront les fêtes que tu prévois ? Les prêtres souhaitent également se préparer...

Thoutmosis fit un signe à Menkheperrêsen qui se trouvait tout près de lui. Celui-ci se pencha pour écouter les paroles du roi.

— Cinq jours me semblent suffisants, suggéra Menkheperrêsen.

— Bien ! Cette fête durera donc cinq jours. Je ne me contenterai pas d'honorer Amon. Je veux aussi donner des offrandes à Ptah, le dieu de Memphis, ancienne résidence des rois, acclamer Ré sans

Thoutmosis

froisser le plus grand des dieux, Amon tout-puissant. Je n'en oublierai pas pour autant l'ensemble des divinités bien que certaines soient plus importantes que d'autres. Je veux que le peuple thébain agisse comme moi.

– Je vais donner des ordres en conséquence, Horus d'or, Taureau puissant, Maître des deux terres, répondit Hapousneb sans manifester la moindre réaction.

– La chapelle construite par Hatchepsout doit maintenant être entièrement détruite…, ajouta le roi.

– Elle l'est, répondit le grand prêtre sur le même ton.

Le roi se leva et gonfla sa voix pour se faire entendre de tous les Thébains rassemblés.

– Mes exploits seront rapportés sur les portes des temples. On verra mon char d'or écraser l'ennemi de l'Égypte, ma Majesté debout en première ligne, les prisonniers enchaînés s'agenouiller devant moi. Que leur nom soit inscrit dans la pierre. Qu'on rappelle d'où ils viennent et où ils vivaient. Ils seront déshonorés pour toujours et ma victoire sera assimilée à celle d'Amon. Nous serons réunis dans la victoire !

S'il souhaitait marquer dans la pierre de Karnak le souvenir de ses exploits, le roi ne voulait pas pour autant accroître le pouvoir des prêtres. Il avait confié à Rekhmirê la tâche de surveiller Hapousneb avant de se débarrasser définitivement des fidèles serviteurs d'Hatchepsout encore en place. Il voulait consacrer les hommes compétents

Le rival d'Hatchepsout

qui l'entouraient et qui recevraient chacun de nouveaux titres.

Quelques jours plus tard, le peuple thébain put ainsi fêter son pharaon. Des tables garnies d'une abondante nourriture furent dressées dans toute la ville. Les habitants mangèrent et burent pendant cinq jours tout en chantant et en dansant.

Le roi fit de somptueuses offrandes à Amon. Les pâtisseries se mêlaient aux bœufs, aux taureaux blancs, aux antilopes, aux hyènes chassées dans le désert, au vin, à la bière et aux fruits. Il donna l'ordre aux prêtres de remplir, chaque jour, les corbeilles et de jeter les restes. Les offrandes devaient être fraîches et appétissantes.

Les paysans avaient hâte de se remettre au travail. Ils avaient été soulagés de recevoir des sacs de céréales mais ils préféraient les produits de leurs terres. Les femmes jubilaient tant elles avaient craint de perdre leur époux. Celles qui étaient veuves avaient tout de même participé au triomphe de Pharaon. Devant la joie de leurs parents, les enfants avaient retrouvé leur bonne humeur.

– Je te félicite, Pharaon, dit Méryrêt à son mari lorsque la dernière journée de fête se termina. Tu as redonné la joie de vivre aux Égyptiens...

– Je les ai surtout sauvés de l'esclavage ou de la mort.

– Il est maintenant temps de penser à l'avenir de la dynastie. Faire la guerre et agrandir son pays est digne d'un pharaon. Mais a qui cela servira-t-il si personne n'en hérite ? Je ne parle pas des fils que tu

Thoutmosis

as avec des femmes du harem. Les concubines ne sauraient perpétuer le sang royal de la dynastie des Thoutmosides.

– Tu sais comme moi que nous ne changerons pas l'histoire et que seules Hatchepsout, Néférou-Rê et toi-même avez hérité de ce précieux sang royal. Je ne suis que le fils d'une concubine et de Thoutmosis II qui était lui-même le fils d'une femme ordinaire et de Thoutmosis Ier, ancien général de Pharaon.

– J'aurais préféré que nous mêlions nos origines royales mais puisque je suis la seule à posséder ce sang sacré, il nous est indispensable d'avoir plusieurs enfants qui régneront dans la plus pure tradition, ainsi que le souhaitent les Égyptiens. Bien que je sois ta demi-sœur, la continuité de cette précieuse dynastie repose sur mes épaules. Tu me connais depuis mon enfance. Nous avons parfois écouté les mêmes professeurs même si tu es plus âgé que moi et que tu as parfait ton éducation à Memphis comme tous les fils de rois. Un brillant général t'a appris à chasser et à guerroyer. Nous avons été souvent complices. Tu craignais qu'Hatchepsout ne fît de ma sœur Néférou-Rê la nouvelle pharaonne et tu n'étais guère prêt à l'épouser. J'étais moi-même reléguée au second rang. Ma mère ne m'aimait guère. Elle n'avait d'yeux que pour ma sœur. Heureusement, les dieux en ont décidé autrement. Ils ont envoyé Néférou-Rê dans le domaine d'Osiris, elle qui ambitionnait de t'épouser pour régner à tes côtés. Les sculpteurs et les peintres étaient déjà prêts à vous représenter l'un

308

Le rival d'Hatchepsout

en face de l'autre dans des scènes dessinées pour l'éternité.

Le roi s'étendit sur sa couche, manifestement heureux de pouvoir enfin se reposer. Il allait reprendre les gestes quotidiens de la vie au palais, si paisible, loin de la poussière des champs de bataille. Même s'il savait son départ inévitable dans les mois à venir, il voulait profiter des joies de Thèbes. Être réveillé le matin par le prêtre, écouter tranquillement les dépêches, y répondre, dicter son courrier et écrire. Car il appréciait les lettres. S'il avait eu le temps de rédiger ses exploits à la place de Tianou, sans doute l'aurait-il fait. Son autre passe-temps favori l'entraînait dans les jardins du palais. Il y observait les fleurs et les plantes, s'entretenait avec les jardiniers pour posséder les plus beaux parcs d'Égypte.

– Tu as raison, Méryrêt. Je ne vais pas repartir avant plusieurs mois. Le moment est venu de songer à nos enfants. Voilà qui est capital pour un pharaon !

– Cela mettra fin aux ambitions de tes concubines qui commencent à se jalouser. Celles qui ont eu des filles de Pharaon attendent que tu leur fasses un garçon. Cette rivalité permanente est insupportable. Tu as eu autrefois la faiblesse d'avoir une liaison avec Sobek Sat-Ia, la fille de ta nourrice Ypou. Depuis qu'elle t'a donné un fils malgré toi, tu lui as accordé une place d'honneur dans ton harem. Elle s'y est imposée comme une épouse royale et ta nourrice se pavane comme une reine mère. Tu as même donné à Sobek le titre de seconde épouse !

309

Thoutmosis

J'ai fermé les yeux comme doit le faire une Grande Épouse royale d'autant que tu avais connu Sobek avant moi. Mais elle mène une vie impossible à toutes les autres femmes depuis que tu affiches ta préférence pour Kertari, laquelle t'a également donné un fils. Maintenant que l'ambitieuse Sheribu habite au palais, je redoute les pires complots ! J'ai exigé de la responsable du harem, qui a osé me tromper pour mieux te servir, qu'elle me fasse un rapport quotidien sur l'atmosphère du harem. Je sais qu'elle ne me mentira plus car je ne le lui permettrai pas. Elle n'ose plus lever le regard vers moi depuis que Kertari est partie te rejoindre à Meggido.

– Ces perpétuels conflits ont toujours eu lieu dans les harems, répondit calmement Thoutmosis III.

– Et certains auraient bien pu être fatals à Pharaon !

– Viens contre moi, dit Thoutmosis III. Il me plairait d'être entouré d'enfants royaux. Mes fils seront forts et courageux comme leur père. Les dieux nous ont donné une mission. Je dois agrandir mon pays. Tu as pour tâche d'enfanter des héritiers dignes de le gouverner. Accomplissons la volonté des dieux.

Les serviteurs se retirèrent sur un signe du roi. Thoutmosis ôta le diadème de sa femme et ôta sa double couronne avec soulagement. Il glissa ses mains dans les plis de sa tunique en lin, s'enivrant de son parfum capiteux, enfouissant son visage dans sa chevelure défaite. En cet instant, il n'avait plus envie de s'adonner aux plaisirs futiles des

Le rival d'Hatchepsout

harems ni de profiter de tendres amours plus éphémères qu'une rose. Il se sentait Pharaon, Être supérieur aux autres, Favori d'Amon. Il allait mêler son sang à celui des rois qui l'avaient précédé. Sa semence royale se déposerait dans le corps sacré de l'héritière de la dynastie. Son désir s'en trouva multiplié comme si les dieux lui transmettaient la vigueur du taureau. Jamais Méryrêt ne l'avait connu si passionné, si impatient de s'unir à elle. Oubliant les jeux amoureux qu'il affectionnait, les longues caresses et le respect qu'il témoignait à la fille d'Hatchepsout, il se laissa gagner par la fougue et l'envie. Comprenant que les divinités se mêlaient de leur union, Méryrêt s'abandonna aux assauts renouvelés de Pharaon. Elle sentit qu'ils étaient en train de concevoir le futur roi d'Égypte.

XXVI

Thoutmosis III s'étira. Méryrêt était encore couchée à côté de lui quand le prêtre entra pour le réveiller et lui faire réciter les prières au dieu Rê, illuminateur du monde. Thoutmosis sourit en prenant conscience des oiseaux qui chantaient dans le parc royal.

– Qu'il est bon de revenir chez soi... murmura-t-il en passant son bras autour des épaules de son épouse.

– Veux-tu honorer Rê maintenant ou dois-je revenir un peu plus tard ? demanda le prêtre, gêné par la présence de la Grande Épouse royale encore endormie.

– Cette nuit, nous avons exaucé les vœux des dieux, répondit Thoutmosis. Tu peux donc commencer tes prières sans Méryrêt-Hatchepsout qui n'en sera pas punie pour autant.

– La Grande Épouse peut, en effet, s'en passer mais les prières sont pour toi un devoir même si tu accomplis pleinement ta fonction de roi.

Thoutmosis répéta les paroles de l'homme à la tête rasée. Avant même qu'il n'ait terminé, le grand prêtre Hapousneb se fit annoncer.

313

Thoutmosis

– Voilà une visite inattendue ! s'exclama-t-il. Je suis curieux de savoir ce que me veut ce fidèle d'Hatchepsout.

Il se vêtit en hâte sans réveiller Méryrêt et rejoignit la grande salle carrée où il donnait audience aux ambassadeurs.

Le grand prêtre s'inclina, les mains jointes sur la poitrine. Ses vêtements sentaient l'encens et la myrrhe. Il se dégageait de sa personne une sérénité inquiétante. « Je ne réussirai jamais à deviner ce que pense cet homme ! » se dit Thoutmosis III.

– Je t'écoute, dit le roi.

– Je me sens très fatigué, dit Hapousneb. Je demande à sa Majesté la permission de me retirer. Il ne me reste que peu de temps à vivre. Mets un autre prêtre à ma place à la tête du clergé d'Amon.

Thoutmosis, qui ne savait comment renvoyer Hapousneb, resta stupéfait.

– On n'abandonne pas un tel poste, répondit-il. Que me caches-tu ?

– Rien. J'ai une nouvelle à t'apprendre. Elle ne t'étonnera pas. Je sais où se trouve le corps de la divine Hatchepsout. J'en ai pris le plus grand soin et l'ai fait embaumer. Pathmès ne t'a jamais menti. Ce sont les prêtres du Djeser Djeserou qui ont trouvé la reine. Ils l'ont mise à l'abri et m'ont aussitôt informé. J'ai décidé de la protéger de ceux qui pouvaient profaner son corps.

– Et où l'as-tu caché ? demanda le roi sans trop y croire.

– Dans la première tombe de Thoutmosis Ier.

314

Le rival d'Hatchepsout

– Tu n'as donc pas respecté ses dernières volontés. Savais-tu qu'elle souhaitait être enterrée près de son père ?

– Oui. Je sais qu'elle a fait placer son corps dans sa future tombe.

– Thoutmosis Ier ne se trouve donc plus dans sa tombe initiale. Son sarcophage est vide.

– Je n'ai trouvé que ce moyen pour protéger la reine. Tes enquêteurs n'ont pas songé à fouiller cette tombe.

– Je devrais te punir pour une telle audace, dit Pharaon.

– Mais tu ne le feras pas car tu es trop heureux de savoir enfin que tu es le seul pharaon de l'Égypte.

Le roi se contenta de sourire.

– Tu triomphes, Horus d'or, ajouta Hapousneb. Permets-moi de me retirer.

– Je vais y réfléchir. En attendant, nous allons préparer les funérailles d'Hatchepsout la Divine. Je veux que tous les Égyptiens s'en souviennent et y participent !

– Tes projets m'étonnent.

– Je n'ai plus besoin de rivaliser avec ma tante. Je viens de m'imposer dans la pays du Retenou. J'ai combattu des ennemis que redoutait même mon grand-père, le plus grand combattant de tous les temps. J'ai évité à mon pays bien des souffrances. Mon peuple ne l'oubliera jamais ! Pourquoi n'honorerais-je pas Hatchepsout ?

*
* *

Thoutmosis

Quelques jours plus tard, Thèbes fut transformée en une véritable foire. Des artisans venus des villes voisines vendaient sur les marchés des coussins et des tuniques. Les marchands d'épices s'époumonaient en appelant les clients. Des pâtissiers bradaient des pains en forme de dieu Hapi. Les enfants et les femmes achetaient quantité d'amulettes ou interrogeaient les devins.

Les temples de Karnak et de Louxor avaient été décorés de banderoles et d'oriflammes. Le soir, les prêtres y allumaient des torches si bien que l'ombre des piliers projetée sur les rives du Nil rendait les sanctuaires plus mystérieux. Les lumières se reflétaient sur l'eau.

Le cortège royal quitta le palais par une journée très chaude. La reine Hatchepsout avait rejoint l'Au-Delà depuis de nombreux mois. Son catafalque fut déposé dans une barque protégée d'un dais. Les pleureuses se lamentaient sur une autre barque tandis que Méryrêt et Thoutmosis naviguaient juste derrière elles. Les hauts fonctionnaires acclamaient la pharaonne en lui souhaitant de vivre heureuse auprès d'Osiris. Pathmès et Hapousneb paraissaient très troublés. Du rivage, les Thébains ne cessaient de chanter des hymnes de louanges et d'amour.

– Tu ne sembles pas contrarié par ces éloges funèbres, dit Méryrêt à son époux.

– Non. Je les approuve. Tout cela est conforme à la tradition.

– Veux-tu dire qu'ils ne signifient rien à tes yeux ?

316

Le rival d'Hatchepsout

– Ils font partie des habitudes...

Un prêtre accueillit le pharaon sur l'autre rive. Le catafalque fut déposé sur un char tiré par des taureaux blancs sans taches. Les pleureuses s'arrachèrent les cheveux et se frappèrent la poitrine. Les souverains suivirent à pied devant les fonctionnaires et les autres serviteurs.

Le prêtre qui menait le cortège balançait son encensoir en psalmodiant. Le chemin conduisant à la Vaste Prairie parut très long à Thoutmosis III. Lui qui avait supporté avec peine une telle cérémonie avant son départ en campagne l'acceptait maintenant de bon gré.

Le cortège continua droit devant lui jusqu'au pied d'une colline. Il prit sur la droite et contourna ce mont aux teintes sable où avait été autrefois enterrée Ahmès-Néfertari, l'arrière-grand-mère d'Hatchepsout. Il emprunta une piste pierreuse qui montait vers la tombe de Thoutmosis Ier. De part et d'autre du chemin, les falaises abruptes se dressaient avec majesté.

Après quelques étapes pendant lesquelles le prêtre encensa le catafalque, le cortège parvint, enfin, devant la tombe où reposait Thoutmosis Ier.

– Nous allons déposer le corps d'Hatchepsout à côté de son père, dit Thoutmosis III. À toi, Hapousneb !

L'instant devenait solennel. Le grand prêtre mit la momie d'Hatchepsout debout devant lui. Thoutmosis III détourna le regard. Il était impressionné par ce visage figé pour l'Éternité qu'il avait vu si souvent sourire. Il était ému. N'avait-il pas,

Thoutmosis

autrefois, ressenti de l'amour pour cette femme qu'il haïssait également ? Comment pouvait-il imaginer, en ce jour, qu'elle ne lui parlerait plus ? « C'était une grande reine, un pharaon exceptionnel, se dit-il. Je ne sais si je l'égalerai un jour. »

Thoutmosis III s'étonna de l'impassibilité de Méryrêt. Celle-ci tenait son rang sans éprouver le moindre chagrin.

Le pharaon frémit lorsqu'Hapousneb glissa un objet entre les lèvres de la reine défunte.

– Que ton passage dans l'Au-Delà se fasse comme il aurait dû se faire depuis longtemps. Que ton âme s'envole et vive pour l'Éternité ! Longue Vie à toi, Hatchepsout !

Les Thébains rassemblés reprirent les paroles d'Hapousneb en chœur. Tous avaient les larmes aux yeux. Tous se souvenaient de la beauté de leur reine à jamais figée sur les statues de son temple.

– Gloire à Hatchepsout la divine ! crièrent spontanément les Thébains.

– J'ai bien fait de donner à ta mère des funérailles décentes, dit le roi à Méryrêt. Le peuple m'en sera reconnaissant.

– Espérons que tu n'as pas fait là une erreur. Je n'aime pas ces chants honorant ma mère. Le rite de l'ouverture de la bouche a duré trop longtemps. Le grand prêtre n'en finit plus de louanger son âme gagnant le ciel.

– Sois patiente. Les serviteurs installent déjà son mobilier dans le tombeau.

Des ouvriers se mirent en chaîne et attrapèrent les objets à tour de rôle, les faisant descendre vers

Le rival d'Hatchepsout

la chambre funéraire. Les bijoux et les coffres à vêtements furent ensuite introduits par l'entrée étroite et disparurent dans les profondeurs de la tombe. On entendait les ouvriers s'interpeller.

– Par Isis, tout est enfin disposé autour du sarcophage, cria le prêtre chargé de ranger les objets dans un ordre précis.

– Donnons les offrandes à la reine, dit le roi.

Toutes les victuailles furent déposées à terre puis descendues devant le sarcophage royal.

– Osiris l'a choisie. Hatchepsout vit avec le soleil. Réjouissons-nous ! dit le roi.

Les Thébains levèrent alors les bras au ciel et se mirent à chanter bruyamment. Une table de banquet fut dressée devant la tombe de la reine et chacun put se réjouir, boire et manger à satiété. Tous quittèrent la Vallée au crépuscule. Les rochers s'étaient dorés de soleil avant de rosir puis de disparaître dans la nuit. Les Thébains prirent le chemin du retour. Ils étaient tristes et gais à la fois. La bière aidant, certains pleuraient ; d'autres priaient les dieux sans retenue.

Troublé par la cérémonie, le roi n'eut aucune envie de rejoindre le harem ce soir-là. Il revoyait Hatchepsout invectiver ses serviteurs, rudoyer Méryrêt et cajoler Néférou-Rê. Il la voyait pleurer sur le corps de sa fille défunte, l'interroger sur ses sentiments pour elle, surveiller la construction de son temple de millions d'années. Si elle avait accepté son amour, peut-être vivrait-elle à ses côtés comme Grande Épouse royale. Mais un Pharaon peut-il

Thoutmosis

avoir un jour une autre fonction que celle de roi tout-puissant ?

– Es-tu satisfait ? lui demanda Méryrêt.

– Oui. Je suis heureux car j'ai l'impression d'avoir acccompli mon devoir. Après tout, les enfants que nous aurons ressembleront peut-être à leur grand-mère.

Le roi vit la lune briller dans la nuit. Elle était ronde et lumineuse.

– Hatchepsout est en train de parcourir le ciel en compagnie de Rê, dit-il. Elle ira bientôt se rassasier des mets que nous avons déposés pour elle. Je me sens si différent et si proche d'elle tant il est vrai que les pharaons ne sont pas de la même race que les autres hommes.

Thoutmosis III avait éprouvé dans la Vallée une étrange sensation. Un souffle frais avait frôlé sa peau, ses épaules et son cou. Il avait senti la présence d'Hatchepsout. Elle lui laissait un pays menacé, un trône convoité, un peuple anxieux. La lune avait beau sourire au milieu d'un paysage céleste éternellement calme, elle ne reflétait pas la destinée de Thoutmosis.

– Je vais faire de l'Égypte le plus grand des royaumes ! dit-il.

– Tu seras le plus grand pharaon de tous les temps, se contenta de répondre Méryrêt en admirant sa beauté et sa force. J'en suis maintenant convaincue.

Les principaux rois de la XIIᵉ à la XVIIIᵉ dynastie

XIIᵉ dynastie (xxᵉ-xviiiᵉ siècle avant J.-C.)

Amenemet Iᵉʳ
Sesostris Iᵉʳ
Amenemet II
Sesostris II
Sesostris III
Amenemet III
Amenemet IV
Nefrousobek

Pendant les XVᵉ et XVIᵉ dynasties s'imposent les envahisseurs Hyksos (xviiiᵉ-xviᵉ siècle avant J.-C.) qui gouvernent à Avaris. Des rois ou gouverneurs égyptiens dirigent l'Égypte du Sud à Thèbes.

XVIIᵉ dynastie (xviᵉ siècle)

Derniers rois de Thèbes
Tioua Iᵉʳ (Grande Épouse : Titihéri)
Tioua II (Grande Épouse royale : Ahhotep)
Kamose

XVIIIᵉ dynastie (xviᵉ-xiiiᵉ siècle)

Ahmosis (Grande Épouse royale : Ahmès-Néfertari)
Aménophis Iᵉʳ (Grande Épouse royale : Ahotep)
Thoutmosis Iᵉʳ (Grande Épouse royale : Ahmose)
Thoutmosis II - Hachepsout
Thoutmosis III (environ 1505 - 1450 avant J.-C.)
Aménophis II
Thoutmosis IV
Aménophis III
Aménophis IV (appelé Akhenaton)
Semenkarê
Toutânkhaton (appelé ensuite Toutânkhamon)
Aï
Horemheb

LISTE
DES PRINCIPAUX
PERSONNAGES

Ahmès-Néfertari : Aïeule d'Hatchepsout. Épouse d'Ahmosis.

Ahmose : Mère d'Hatchepsout.

Amen : Grand prêtre sous Hatchepsout. Frère de son conseiller Senmout.

Amenmen : Général de Thoutmosis III.

Amenpafer : Fils du Thébain Kay et de Thémis.

Djéhouty : Chef de chantier ayant construit le temple d'Hatchepsout à Deir el-Bahari, le Djeser Djeserou.

Hapousneb : Grand prêtre de Karnak. Fidèle à Hatchepsout.

Ialou : Conseiller de Méryrêt-Hatchepsout II.

Iset : Mère de Thoutmosis III. Fille du harem de Thoutmosis II.

Ishtariou : Fils de Bêlis et du Thébain Séti.

Kalourê : Soldat égyptien en poste à Meggido.

Kariou : Général de Thoutmosis III.

Kertari : Favorite de Thoutmosis III.

Menkheperrêsen : Ami de Thoutmosis III.

Méryrêt-Hatchepsout II : Seconde fille d'Hatchepsout et de Thoutmosis II. Épouse de Thoutmosis III.

Moutnéfret : Première épouse de Thoutmosis Ier. Grand-mère de Thoutmosis III.

Nibouy : Grand prêtre d'Abydos.

Oazer : Vizir.

Paperis : Compagne de Kertari au harem du Fayoum.

Pathmès : Cocher d'Hatchepsout.

Pennethbet : Général sous Hatchepsout. Maître de Thoutmosis III.

Petrou : Conseiller de Djéhouty.

Poumrê : Architecte et second prophète d'Amon.

Ramnose : Responsable du harem du Fayoum.

Rekhmirê : Ami de Thoutmosis III. Haut fonctionnaire possédant l'une des plus belles tombes de la Vallée des nobles.

Sheribu : Fille du Thébain Kay et de Thémis.

Sini : Vice-roi du Sud.

Sobek : Fille de Ypou, nourrice de Thoutmosis III. Peut-être fut-elle la première épouse de Thoutmosis III.

Sobkit : Confidente de Méryrêt.

Thémis : Femme de Kay. Mère de Sheribu.

Thoutmosis Ier : Père d'Hatchepsout et grand-père de Thoutmosis III.

Tianou : Scribe ami de Thoutmosis III.

Ypou : Nourrice de Thoutmosis III.

REMERCIEMENTS

Je tiens à remercier M. Hosni Moubarak, président de la République arabe d'Égypte ; M. Farouk Hosni, ministre de la Culture ; M. Mandouh el Beltagui ; M. Nabil Osman, pour leur accueil extrêmement chaleureux en Égypte ainsi que M. Gaballah Ali Gaballah, directeur du Conseil suprême des Antiquités d'Égypte qui facilite mon travail en Égypte ; M. Aly Maher el Sayed, ambassadeur de la République arabe d'Égypte ; mon ami Mohamed El-Bialy, directeur des Antiquités de Thèbes-Ouest ; M. Salah El-Naggar ; M. Mohamed A. Nasr, directeur des Antiquités au musée de Louxor ; M. Fahim Rayan ; M. Ahmed Zaki ; Mmes Hoda Naguib et Sonia Guirguis, directrice de l'Office du tourisme égyptien ; M. Ali El-Kadi, conseiller de presse à l'ambassade de la République arabe d'Égypte ; Mmes Suzanne Matsakis, Catherine Magnien et Vanessa Rasch du groupe Accor ; MM. Paul Dubrule et Gérard Pélisson ; M. Michel Baud et Mme Dominique Beck du Winter Palace de Louxor ; M. Joël Fenoyer du Sofitel de Charm el-Cheikh ; M. Antoine Lhuguenot du Old Cataract d'Assouan ; M. Hani Helal, conseiller culturel près l'ambassade de la République arabe d'Égypte ; M. Castas Papageorgiou ; M. Dimitri Démétriou, directeur de l'Office du tourisme de Chypre ; M. Doros Georgiadès ; M. Jean-Bernard de Vaivre, ambassadeur de France à Chypre ; Mme Florence Dubois ; Alain Khoury pour son aide et son extrême gentillesse ; M. Franciszek Pawlicki, directeur de la Mission polonaise à Deir el-Bahari.

Direction littéraire
Huguette Maure
assistée de
Patrice Schuber
Déborah Kaufmann

Crédit photographique :
Engerer-Vanoyeke

Impression réalisée sur CAMERON par

BRODARD & TAUPIN
GROUPE CPI

*La Flèche
en mai 2002*

Dépôt légal : mai 2002
N° d'impression : 13426
ISBN : 2-840-98-542-X
LAF 015A